西藏自治区公路工程基本建设项目
概算预算编制办法补充规定

主编单位：西藏自治区交通工程造价管理站
批准部门：西藏自治区交通运输厅
实施日期：2012 年 1 月 1 日

人民交通出版社

内容提要

本书依据西藏自治区公路工程实际情况编制，主要内容包括：总则，建筑安装工程费，设备、工具、器具及家具购置费，工程建设其他费用，以及相关附表和相关法规文件等。

本书可供从事公路工程概算预算编制人员、公路工程建设人员等参考使用。

图书在版编目（CIP）数据

西藏自治区公路工程基本建设项目概算预算编制办法补充规定 / 西藏自治区交通工程造价管理站主编．-- 北京：人民交通出版社，2011.12

ISBN 978-7-114-09519-1

Ⅰ.①西… Ⅱ.①西… Ⅲ.①道路工程－基本建设项目－概算编制－西藏②道路工程－基本建设项目－预算编制－西藏 Ⅳ.①U415.13

中国版本图书馆 CIP 数据核字（2011）第 245207 号

xizang zizhiqu gonglu gongcheng jiben jianshe xiangmu gaisuan yusuan bianzhi banfa buchong guiding

书　　名：西藏自治区公路工程基本建设项目概算预算编制办法补充规定

著 作 者：西藏自治区交通工程造价管理站

责任编辑：沈鸿雁　王文华

出版发行：人民交通出版社

地　　址：（100011）北京市朝阳区安定门外外馆斜街3号

网　　址：http://www.ccpress.com.cn

销售电话：（010）59757973，59757969

总 经 销：人民交通出版社发行部

经　　销：各地新华书店

印　　刷：北京交通印务实业公司

开　　本：880×1230　1/16

印　　张：6.75

字　　数：150千

版　　次：2011年12月第1版

印　　次：2011年12月第1次印刷

书　　号：ISBN 978-7-114-09519-1

定　　价：20.00元

《西藏自治区公路工程基本建设项目
概算预算编制办法补充规定》
编审委员会

批准部门：西藏自治区交通运输厅

主编单位：西藏自治区交通工程造价管理站

一、审定委员会

主　　任：赵世军

副 主 任：彭思义　李留丰

成　　员：陆爱本　钟　建　李厚华　朱德川　刘文德　向毓志
王锦河　田金昌　姚伯华　邓　超　贾海兰　舒天平
凌爱娟　彭世娟　次德吉　杨青叶

二、编制组

组　　长：杨青叶

编制人员：刘芙兰　旦增卓玛　刘红霞

关于发布《西藏自治区公路工程基本建设项目概算预算编制办法补充规定》的通知

藏交办发[2011]59号

各地(市)交通局、重点公路建设项目管理中心、公路局、设计院:

为合理确定公路建设工程造价,完善西藏公路工程计价依据,根据有关工程建设造价管理的法规规章和政策以及《公路工程基本建设项目概算预算编制办法》(JTG B06—2007)、《公路工程概算定额》(JTG/T B06-01—2007)、《公路工程预算定额》(JTG/T B06-02—2007)、《公路工程机械台班费用定额》(JTG/T B06-03—2007),结合我区公路工程建设实际,组织有关单位和人员编制完成《西藏自治区公路工程基本建设项目概算预算编制办法补充规定》,现予发布,并就有关事项通知如下:

一、本补充规定自2012年1月1日起施行。

二、已审批或上报交通运输部审批的公路工程建设项目概算预算不再调整。

三、本厅发布的《关于执行交通部新颁公路工程概算预算定额有关规定的通知》(藏交办发[2008]30号)同时废止。

四、本补充规定由西藏自治区交通工程造价管理站负责解释。

二〇一一年十一月三日

目　录

第一章 总 则

一、为构建节约型公路行业,适应公路交通建设可持续发展的需要,合理确定和有效控制工程造价,根据交通部《公路工程基本建设项目概算预算编制办法》(JTG B06—2007)(以下简称“07 编办”)及公路建设有关政策,结合西藏公路建设实际,制订本补充规定。

二、本补充规定适用于西藏自治区境内新建、改建公路工程基本建设项目概算、预算的编制和管理,农村公路及公路养护工程可参考使用。

三、编制概算、预算时,如遇定额缺项,按有关规定编制补充概算或预算定额,并将有关基础资料上报西藏自治区交通工程造价管理站审批。

四、设计变更预算的编制办法、基本的取费依据,应与原批复预算一致;对工程量清单中新增项目单价,按现行的交通部颁布的《公路工程基本建设项目概算预算编制办法》、本补充规定及相关定额编制预算单价,并按中标单位投标水平下浮后作为变更单价。

五、公路养护管理及服务配套设施,在估算或概算阶段,按本补充规定标准(附表 8)配备,其费用在第一部分建筑安装工程费中计列;施工图设计阶段,在批准概算相应的费用内,委托有资质的单位设计具体的施工图,编制完整的建筑预算和相关费用,并汇入公路工程总预算中。

六、造价文件的编制应采用交通运输主管部门市场准入的软件编制,并将数字化副本随造价文件一并上报。

七、造价文件必须由取得相应资格的公路工程造价人员编审并签章。

八、各单位在执行中注意积累资料、总结经验,将修改意见及时电(函)告西藏自治区交通工程造价管理站。

第二章　建筑安装工程费

一、直接费

1.人工费

人工费工日单价(元/工日)由西藏自治区交通工程造价管理站按国家人工工资政策的变化适时测算和发布。现行人工费工日单价见表2-1,地区类别见附表1;路线跨越不同工资区时,按路线长度加权计算人工费工日单价。

表2-1　西藏自治区公路工程人工费工日单价表

地区类别	二类	三类	四类
人工费标准(元/工日)	80	85	90

2.材料费

材料预算价格由材料原价、运杂费、场外运输损耗、采购及仓库保管费组成。

(1)材料原价

外购材料原价参照西藏自治区交通工程造价管理站发布的《西藏公路工程造价信息》确定;地方性材料需要自采加工的,按调查的现场采集条件及成品率套用相关定额分析计算;当有社会供应与自采加工两种方式时,取用经济价格,并在概算、预算编制说明中附经济分析资料。

(2)运杂费

①根据交通部《汽车货物运输规则》(交通部[1999]第5号令)、《汽车运价规则》(交运发[2009]275号,见附录3),结合我区公路建设的实际情况,将货物分为四个类别,见附表2;将公路路况分四类,见附表3。

②运距:公路建设项目新建和改建路段以勘测距离计算,利用已修建好的道路运输,运距以西藏自治区交通运输厅编写的2004版《西藏公路交通指南》为计算标准。

③社会运输货物运价标准见附表4。

④经过两个以上不同运价的直达运输,按各段运价路线长度加权计算综合运价。

⑤装卸费:整车装每吨3.5元,卸每吨2.0元,当自卸汽车运输砂石料时只计装车费。

⑥铁路运输,根据《国家发展和改革委员会关于青藏铁路格尔木至拉萨段暂定运价的函》(发改价格[2006]306号)文件,青藏铁路格尔木至拉萨段货物运输运价暂按0.12元/吨公里执行,旅客、货物运输杂费、延伸服务费等按照有关规定执行。

⑦其他材料费、设备摊销费调整系数为2。

3.施工机械使用费

(1)小型机械使用费采用调整系数2。

(2)不变费用采用1.2的调整系数。

(3)需要自发电时,按"07编办"的公式计算电价,并在编制说明中进行说明。

4. 其他工程费

冬季施工增加费、雨季施工增加费、高原地区施工增加费,当一条路线通过两个以上气温(雨量、海拔)区时,按不同气温(雨量、海拔)区的路线长度加权平均计算。"西藏自治区冬季施工气温区划分表"见附表5,"西藏自治区雨季施工雨量区及雨季期划分表"见附表6。

二、间接费

规费以人工费为计算基数,总计46.5%,各项规费及费率如下:

(1)养老保险费:20%。

(2)失业保险费:2%。

(3)医疗保险费:8%。

(4)住房公积金:15%。

(5)工伤保险费:1.5%。

第三章　设备、工具、器具及家具购置费

一、设备购置费

(1)收费、通信、监控、供配电系统、隧道供电照明、消防、通风设备,由设计单位根据新建或改建状况计列设备购置清单,包括设备名称、型号、数量、价格;需安装的设备,其安装费用在第一部分建筑安装工程费中计列。

(2)公路养护机械设备购置,根据《公路养护技术规范》(JTG H10—2009)养护机械要求,结合项目所在地养护实际情况,由养护管理部门提供养护机械配备表;在估算或概算阶段,按附表7计列并计价;在施工图设计阶段,在批准概算相应的费用内,根据实际情况确定具体的养护机械配备。

二、工器具及生产家具购置费

工器具及生产家具配置数量按附表9计列并计价。

第四章　工程建设其他费用

一、土地征用及拆迁补偿费

土地征用及拆迁补偿费系指按照《中华人民共和国土地管理法》、《西藏自治区实施〈中华人民共和国土地管理法〉办法》(1999 年 11 月 25 日西藏自治区第七届人民代表大会常务委员会第十次会议第二次修正)及相关规定,为进行公路建设需征用土地所支付的土地征用及拆迁补偿等费用,分永久占地和临时占地。土地征用补偿费项目内容及补偿标准见附表 10;拆迁补偿费应与原设施有关部门联系,按相关规定商定合理的解决方案和补偿金额。

二、建设项目管理费

1. 建设单位(业主)管理费

一个项目分段编制概预算时,建设单位(业主)管理费以项目建筑安装工程费总额为基数以累进办法计算。

2. 设计文件审查费

西藏高寒缺氧,地形情况特殊,地质结构复杂,地质灾害品种繁多且独特,根据交通运输部加强前期工作深度以及在项目审批过程中开展技术审查(代部审查)的要求,为保证勘察设计工作的质量及深度,设计文件审查费以建筑安装工程费总额为基数,按 0.3% 计算,含代部审查费及前期各阶段的咨询费。西藏自治区交通运输厅发布的关于《〈西藏自治区公路工程咨询收费管理规定〉的通知》(藏交发[2005]187 号)同时废止。

3. 竣(交)工验收试验检测费

竣(交)工验收试验检测费系指在公路建设项目交工验收和竣工验收前,由建设单位(业主)或工程质量监督机构委托有资质的公路工程质量检测单位,按照有关规定对建设项目的工程质量进行检测,并出具检测意见所需要的相关费用。结合西藏自治区发改委《关于公路工程材料和工程质量检测收费项目及收费标准》(藏发改价格[2008]867 号),竣(交)工验收试验检测费按附表 11 标准计列;竣(交)工验收试验检测费用为控制数,实际费用按发改委有关标准或合同支付。对于非常规试验检测,应由设计单位在编制概预算时,在建筑安装费相应章节内列出检测项目名称及费用。

三、建设项目前期工作费

(1)编制项目建议书(或预可行性研究报告)、可行性研究报告、投资估算,可参照附录 1《国家计委关于印发建设项目前期工作咨询收费暂行规定的通知》计算;评审项目建议书(或预可行性研究报告)、可行性研究报告费用归口在设计文件审查费内,不再另行计列。

(2)初步设计和施工图设计的勘察费(包括测量、水文调查、地质勘探等)、设计费、概(预)算和调整概算编制费,按国家颁发的收费标准和有关规定进行编制。建设单位在勘察委托书或勘察招标文件中需明确勘察的内容范围,在勘察设计外业验收时,应组织专家对其勘察的深度和困难类别作出评价,明确超出《公路工程地质勘察规范》(JTJ 064—98)的项目及内容,凡外业验收鉴定书中无明确的项目,均属于现行规范规定内的勘察内容,不得按通用工程勘察收费标准重复计列勘察钻探费。

(3)招标代理费用计算:建筑安装工程费在5亿以上(不含5亿)的招标代理费用,可参照附表11附件一、附件二计算;建筑安装工程费在3亿~5亿的招标代理费用参照附表11附件一、附件二计算,工程量清单、工程标底或工程招标控制价的编制费用按计算的招标代理费的40%计列;建筑安装工程费在1亿~3亿的招标代理费用参照附表11附件一、附件二计算,工程量清单、工程标底或工程招标控制价的编制费用按计算的招标代理费的45%计列;建筑安装工程费在1亿以内的招标代理费用参照附表11附件一、附件二计算,工程量清单、工程标底或工程招标控制价的编制费用按计算的招标代理费的50%计列;业主自行招标项目可参照执行。

(4)建设项目前期工作费必须附列清单及计算式,为上报审批的造价文件内容之一,最终以合同或批复金额为准,按上报各阶段金额分摊各项费用。

四、专项评价(估)费

(1)可行性研究阶段需研究并明确专项评价(估)的项目及级别。

(2)专项评价(估)项目及费用计算可参考附表和附录中相关文件及国家颁发的收费标准和有关规定计列。

(3)专项评价(估)项目及费用计算必须附评价(估)报告(意见)、费用清单,为上报审批造价文件内容之一,最终以合同或批复金额为准。

附表

西藏自治区地区类别划分表

附表 1

<table>
<tr><th>类别</th><th>地市名称</th><th>包括范围</th></tr>
<tr><td rowspan="6">第二类区</td><td>拉萨</td><td>拉萨市城关区及所属办事处;堆龙德庆县驻地、东嘎区、古荣区、玛区、乃琼区、柳梧区、德庆区;墨竹工卡县驻地、墨竹工卡区、巴洛区、唐家区、直孔区、扎雪区;曲水县驻地、聂当区、菜纳区、曲水区、达嘎区、色麦区;达孜县驻地、德庆区、拉木区、唐嘎区、帮堆区;尼木县驻地、尚日区、吞区、尼木区</td></tr>
<tr><td>山南</td><td>乃东县驻地、泽当区、昌珠区、颇章区、亚堆区、温区、丁那;贡嘎县驻地、吉雄区、朗杰学区、杰德秀区、昌果区、前进区、江塘区;扎囊县驻地、扎塘区、扎其区、结林区、吉汝区、桑伊区;桑日县驻地、绒区、桑日区、沃卡区;加查县驻地、安绕区、冷达区、加查区、红旗区、拉绥区;朗县驻地、古入朗杰区、洞嘎区、金东区、拉多区;琼结县驻地、穷果区、曲沟区、久河区;曲松县驻地、下江区、下洛区、堆水区;浪卡子县的卡拉区;措那县的勒布区、觉拉区;洛扎县驻地、拉康区、嘎波区、生格区、边巴区;隆子县驻地、三安曲林区、加玉区、新巴区;措美县的当巴区、乃西区</td></tr>
<tr><td>日喀则</td><td>日喀则县驻地、城关镇、东嘎区、甲措区、大竹区、江当区、曲美区;南木林县的多角区、艾马岗区、土布加区;萨迦县的孜松区、吉定区;拉孜县的拉孜区、扎西岗区、彭错林区;定日县的卡达区、绒辖区;聂拉木县驻地;吉隆县的吉隆区;谢通门县驻地、恰嘎区;江孜县的卡麦区、重孜区;仁布县驻地、仁布区、德吉林区;亚东县驻地、下司马镇、下亚东区、上亚东区;白朗县驻地、洛布穷孜区、杜穷区、嘎东区、强堆区;樟木口岸</td></tr>
<tr><td>林芝</td><td>工布江达县驻地、峡龙区、雪卡区、仲萨区、娘蒲区、加兴区、金达区、朱拉区、措高区、江达区;林芝县驻地、达则区、百巴区、米瑞区、八一区、八一镇、布久区、东久区;米林县驻地、米林区、扎西绕登区、姜纳区、卧龙区、里龙区、派区;朗县驻地、古如朗杰区、洞嘎区、金东区、拉多区;察隅县的察瓦龙区;波密县驻地、扎木区、硕多区、许木区、玉仁区、八盖区、多吉区、松宗区、康玉区</td></tr>
<tr><td>昌都</td><td>昌都县驻地、城关区、俄洛区、沙贡区、达邑区、日通区、加卡区、柴维区;左贡县的萨诺区、中林卡区、下林卡区;察雅县驻地、烟多区、吉塘区、卡贡区、荣周区;八宿驻地、白马区、林卡去;察隅县驻地,竹瓦根区;古玉区、古拉区、下察隅区、上察隅区;江达县的同普区、波罗区、岗托区、汪布堆区;芒康县的徐中区、盐井区、朱巴龙区、如美区;昌都县的嘎马区;丁青县驻地、丁青区、协雄区、尺牍区、色扎区、当堆区、觉恩区、沙贡区;边坝县驻地、草卡区、边坝区、拉孜区、沙丁区、热玉区;贡觉县驻地、波洛区、香具区、哈加区;左贡县驻地、扎玉区、乌雅区;察雅县的则松区、香堆区、王卡区;八宿县的然乌区、夏里区;江达县驻地、卡贡区;洛隆县驻地、硕般多区、俄西区、新荣区、孜托区、洛隆区、马利区;类乌齐县驻地、桑多区、尚卡区、甲桑卡区;芒康县驻地、嘎托区、措瓦区、宗西区、邦达区、奔巴区、鲁然区</td></tr>
<tr><td>青藏线</td><td>青藏公路青海省的格尔木、大柴旦的西藏各单位;青藏公路的花梅子、长草沟沿途西藏各站</td></tr>
<tr><td rowspan="2">第三类区</td><td>拉萨</td><td>墨竹贡嘎县的门巴区;林周县驻地、唐古区、阿朗区、旁多区;尼木县的安岗区、帕古区、麻江区;当雄县驻地、公塘区、羊八井区、宁中区、乌马塘区</td></tr>
<tr><td>山南</td><td>桑日县的真纠区;琼结县的加麻区;曲松县的贡康沙区、邛多江区;浪卡子县驻地、浪卡子区、打隆区、多却区、隆布雪区、阿扎区、白地区、东嘎区;措那县驻地、洞嘎区、错那区;洛扎县的色区、蒙达区;隆子县的日当区、扎日区、俗坡下区、雪萨区;措美县驻地、当许区</td></tr>
</table>

续上表

类别	地市名称	包括范围
第三类区	日喀则	南木林县驻地、南木林区、乌郁区、芒热(猛武)区、仁堆区、拉布区、甲措区;定结县驻地、陈塘区、萨尔区、定结区、金龙区;萨迦县驻地、萨迦区、麻加区、赛区;拉孜县驻地、曲下区、温泉区、柳区;定日县驻地、帕卓区、长所区、措果区、协格尔区、定日区、克玛区、白巴区;聂拉木县的章东区、门布区、锁作区;吉隆县驻地、宗嘎区、差那区、贡当区;谢通门县的塔玛区、查拉区、德来区;昂仁县驻地、煤矿区、多白区、亚木区、卡嘎区;江孜县驻地、江孜城关区、年堆区、卡堆区、江热区、龙马区、金嘎区;康马县驻地、康马区、康如区、萨马达区、嘎拉区、少岗区、涅如区;仁布县的帕当区、然巴区、亚德区;亚东县的帕里镇、堆纳区;白朗县的汪丹区;萨嘎县的旦嘎区
	林芝	墨脱县驻地、墨脱区、加热萨区、旁辛区、德兴区、背崩区、金球(格当)区
	昌都	昌都县的妥坝区、拉多区、面达区;边巴县的恩来格区;贡觉县的则巴区、拉妥区、木协区、罗麦区、雄松区;左贡县的田妥区、美玉区;察雅县的括热区、宗沙区;八宿县的邦达区、同卡区、夏雅区;江达县的德登区、青泥洞区、字嘎区、西邓科区、生达区;洛隆县的腊久区;类乌齐县的长毛岭区、卡马多(巴夏)区、类乌齐区;芒康县的戈波区
	那曲	巴青县驻地、高口区、益塔区、雅安多区;索县驻地、索巴区、荣布区、江达区、军巴区、宁巴区;比如县驻地、比如区、热西区、柴仁区、彭盼区、山扎区、白嘎区;嘉黎县的尼屋区
	青藏线	青藏公路的西大滩运输站、加油站
第四类区	拉萨	当雄县的纳木错区
	山南	贡嘎县的东拉区;浪卡子县的张达区、林区;措美县的哲古区
	日喀则	定结县的德吉区(日屋区);谢通门县的春哲(龙桑)区、南木切区;昂仁县的桑桑区、查孜区、措麦区;仲巴县驻地、扎东区、帕羊区、隆嘎尔区、岗久区;岗巴县驻地、岗巴区、塔杰区;萨嘎县驻地、加加区、雄如区、达吉岭区
	昌都	丁青县的嘎塔区
	那曲	那曲县驻地、那曲镇、那曲区、达仁区、哈尔麦区、马尔达区、罗马区、桑雄区、孔马区、谷露区;安多县驻地、买玛区、扎萨区、东巧区、多玛区、扎仁区;聂荣县驻地、错阳区、白雄区、查吾拉区、尼玛区、扎玛区;巴青县的江绵区、仓来区、巴青区、本索区;比如县的下秋卡区、恰则区;班戈县驻地、江措区、青龙区、多巴区、普保区、赛龙区、保吉区、德庆区、新吉区、均那区;双湖办事处驻地、色哇区、尼玛区、察桑区、容玛区;嘉黎县驻地、嘉利区、同德区、阿扎区、色日绒区、巴嘎区、桑巴区、麦地卡区;申扎县驻地、申扎区、雄梅区、巴扎区;文部办事处驻地、文部区、吉瓦区、邦多区、甲谷区、卓瓦区
	阿里	地区所在地(狮泉河镇);噶尔县驻地、昆沙区、门士区、左左区、扎西岗区;日土县驻地、热邦区、日土区、多玛区、日松区;扎达县驻地、扎布让区、底雅区、萨让区、达巴区、曲松区、香孜区;普兰县驻地、兴巴区(普兰区、或隆区)、巴嘎区、霍尔区;革吉县驻地、雄巴区、盐湖区、邦巴区、亚热区;改则县驻地、洞措区、麻米区、康托区、物玛区、察布区;措勤县驻地、达雄区、江让区、措勤区、磁石区
	青藏线	青藏公路由青海省的昆仑山口至西藏那曲的那曲县境

公路货物分类表 附表2

等级	名　　称
一等	1. 砂、片石、碎(砾)石、卵石、石渣
	2. 土、淤泥、垃圾
	3. 粉煤灰、路渣
二等	1. 煤、塑料
	2. 木材、圆木、方木、板料
	3. 橡胶、固体沥青(桶装沥青)
	4. 水泥及其制品(袋装水泥、水泥制品、预制水泥构件)、石灰、水泥稳定料、沥青混合料、水泥混凝土
	5. 钢材(管、丝、线、绳、板、皮条)、有色金属及其制品、铁及铁件、铸铁、五金制品、砖、瓦、水泥瓦、块石、石膏、石灰石、生石灰等
三等	1. 油漆、涂料、环氧树脂
	2. 橡胶制品、陶瓷、玻璃及其制品、大理石、花岗岩、汉白玉、水磨石板等
	3. 散装水泥、石粉等、灌装沥青、重油
	4. 钢梁、钢桁、钢管拱、大型混凝土构件
危险	汽油、柴油、雷管、炸药、导火线、纱包线、母线

附表3

西藏公路路况分类表

路况类别	公路路况条件
一类	海拔3 000m以下（含3 000m）有沥青或水泥路面的等级公路
二类	海拔3 001～4 000m有沥青或水泥路面的等级公路
三类	1. 有砂砾路面的等级公路； 2. 海拔4 001～4 500m有沥青（水泥）路面的等级公路
四类	1. 海拔4 500m以上沥青或水泥路面的等级公路； 2. 有路面的社会交通便道或平原微丘区地质状况好、稍加修整即可达到砂砾路面行车要求的便道

西藏地区货物基本运价标准表[单位:元/(吨·公里)]　　附表4

线路类别 运价 货物类别	一类线路	二类线路	三类线路	四类线路
一等货物	0.41	0.47	0.53	0.70
二等货物	0.47	0.54	0.61	0.81
三等货物	0.53	0.70	0.79	1.05
危险、贵重货物	0.66	0.75	0.85	1.12
长大笨重货物	0.70	0.80	0.90	1.19
特种车辆运价	0.68	0.78	0.87	1.16

附表 5

西藏自治区冬季施工气温区划分表

市、地区、县	气温区	
拉萨市（当雄县除外），日喀则地区（拉孜县），山南（浪卡子县、错那县、隆子县除外）、昌都（芒康县、左贡县、类乌齐县、丁青县、洛隆县除外）、林芝地区	冬一	Ⅰ
山南（隆子县）、日喀则地区（定日县、聂拉木县、亚东县、拉孜县除外）		Ⅱ
昌都地区（洛隆县）	冬二	Ⅰ
昌都（芒康县、左贡县、类乌齐县、丁青县）、山南（浪卡子县）、日喀则（定日县、聂拉木县）、阿里地区（普兰县）		Ⅱ
拉萨市（当雄县），那曲（安多县除外）、山南（错那县）、日喀则（亚东县）、阿里地区（普兰县除外）	冬三	
那曲地区（安多县）	冬四	

附表6

西藏自治区雨季施工雨量区及雨季期划分表

市、地区、县	雨量区	雨季期（月数）
那曲（索县除外）、山南（加查县除外）、日喀则（定日县）、阿里地区	Ⅰ	1
拉萨市、那曲（索县）、昌都（类乌齐县、丁青县、芒康县除外）、日喀则（拉孜县）、林芝地区（察隅县）		2
昌都（类乌齐县）、林芝地区（米林县）		3
昌都（丁青县）、林芝地区（米林县、波密县、察隅县除外）		4
林芝地区（波密县）		5
山南（加查县）、日喀则地区（定日县、拉孜县除外）	Ⅱ	1
昌都地区（芒康县）		2

附表7

西藏自治区公路养护每100公里机械配备参考表

序号	项目	工程或设备名称	规格参考数（参考值）	沥青路拥有量	砂石、土路拥有量	备注
1	路面养护维修机械	综合养护车	汽车底盘	1		按需配置
2		路面切割机		4		液压或气压破碎装置
3		路面破碎机		2		规范化修补切割
4		灌缝机		2		带清缝机
5		稀浆封层车	厚度3～12mm	1		按需配置
6		沥青混凝土摊铺机	摊铺宽度4.5～9m	1		按需配置
7		沥青拌和成套设备	10～30t	1		按需配置
8		路面清扫车		1		按需配置
9		洒水车	5 000～10 000L	1	2	按需配置
10		吹风机		3		坑洞及伸缩缝清理
11		沥青洒布车	≥2 000L	1		按需配置
12		回砂机	宽度1.8～3m		2	
13	交通工具及装运设备	自卸汽车	1.5～15t	4	2	日常养护
14		巡路车	3～6座	1	1	用于日常养护保通
15		中型客车	12～18座	2	2	日常交通工具
16		拖拉机及农用车	0.5～1.5t	2	4	日常养护
17		轻型货车	1～4.5t		2	道班工人生活用车
18		皮卡	0.5～1t	1	2	日常养护工具
19		平板拖车	10～30t	1		按需配置，养护机械转运
20		油罐车	5～10t	1	1	按需配置，养护用油储存

续上表

序号	项目	工程或设备名称	规格参考数（参考值）	沥青路拥有量	砂石、土路拥有量	备注
21	抢险保通及路基维修机械	装载机（推土机）	斗容量3～5t	2	1	养护抢险保通清雪
22		轮式推土机	>56kW	1	1	养护抢险保通
23		挖掘机	斗容量≥0.8m³	1	1	按需配置，抢险保通
24		移动式现场照明设备	照明范围>200m		2	
25		除雪撒布机（车）	除雪宽度1.5～3.5m，撒布宽度≥6m，撒布量≥50g/m²	1		按需配置，推雪推冰，撒防结防滑剂
26		道路清障车	起吊5t，拖力20t	1		按需配置
27		挖掘装载机（两头忙）	≥0.6m³	1		
28		水泵	扬程≥25m，吸程≥6m		4	
29	压实机械	平板振动夯和冲击夯	100～200kg	6	2	各3～6个
30		双钢轮振动压路机	8～10t	1		用于日常修补
31		轮胎式压路机	16～25t	1		按需配置，用于路面压实
32		单钢轮振动压路机	14～28t		1	按需配置
33		手扶式振动压路机	≤2t	3		用于日常修补
34		静碾压路基	≤10t	2		用于日常修补
35	交通安全设施维修机械	路面画线机（车）	线宽80～300mm	1		按需配置，热熔或冷喷式
36		路面除线机	线宽80～300mm	1		
37		高空作业车	举升高度10～12m	1	1	按需配置
38		碎石机械		1	4	养护
39		发电机组		1	1	养护
40		砂浆拌和机	7～12m³/h	1	1	

续上表

序号	项目	工程或设备名称	规格参考数（参考值）	沥青路拥有量	砂石、土路拥有量	备　注
41	公路检测设备	公路路况与病害综合检测车		0.1	0.1	按需配置
42		桥梁检测车		0.1	0.1	按需配置
43		激光断面仪		0.1	0.1	检测路面平整度
44		车载式自动弯沉仪或落锤弯沉仪		0.1	0.1	按需配置
45		路面横向力系数测试车或纵向摩擦系数测试车		0.1	0.1	检测路面摩擦系数,按需配置
46		探地雷达测试仪		0.1	0.1	检测路面各层厚度与密实度,按需配置
47		标志标线逆反射系数测试仪		0.1	0.1	按需配置
48	桥隧养护机械	混凝土喷射机	排量 $2\sim6m^3/h$		1	按需配置
49		压浆设备	压力 > 10MPa		1	按需配置
50		隧道清洗机(车)	5MPa,50L/min		1	按需配置
合计				56.7	40.7	

注:以上机械为百公里基础配置,配备表参考了交通运输部 2009 年 10 月 30 日发布的《公路养护技术规范》(JTG H10—2009)行业标准及结合我区养护工作实际制订。

西藏自治区每100公里养护管理及服务配套设施表

附表8

西藏自治区(国道)公路养护管理及服务配套设施表

序号	工程名称	单位	工程数量	备注
1	2	3	4	5
	合计			
一	主体工程	m^2	2 342.00	
1	办公及会议室	m^2	120.00	
2	职工宿舍	m^2	1 875.00	
3	机料库房	m^2	150.00	
4	应急物资储备仓库	m^2	100.00	
5	公共厕所	m^2	25.00	
6	配电房	m^2	12.00	
7	洗澡室	m^2	60.00	
二	附属工程			
1	土地征用及平整场地	亩	6.50	
2	大门	道	1.00	
3	围墙	m	320.00	
4	院内硬化	m^2	800.00	
5	院内绿化	m^2	1 500.00	
6	蔬菜温室	m^2	150.00	
7	供电设施	套	1.00	
8	供水设施	套	1.00	
9	太阳能热水器	套	30.00	
10	卫星地面接收器	套	1.00	
11	健身器材及图书阅览	套	1.00	

注:公路养护工区每50公里左右设置一座,即每百公里设置两座工区。

西藏自治区(省道)公路养护管理及服务配套设施表

序号	工程名称	单位	工程数量	备注
1	2	3	4	5
	合计			
一	主体工程	m^2	1 882.00	
1	办公及会议室	m^2	100.00	
2	职工宿舍	m^2	1 500.00	
3	机料库房	m^2	120.00	
4	应急物资储备仓库	m^2	75.00	
5	公共厕所	m^2	25.00	
6	配电房	m^2	12.00	
7	洗澡室	m^2	50.00	
二	附属工程			
1	土地征用及平整场地	亩	5.00	
2	大门	道	1.00	
3	围墙	m	270.00	
4	院内硬化	m^2	500.00	
5	院内绿化	m^2	1 000.00	
6	蔬菜温室	m^2	100.00	
7	供电设施	套	1.00	
8	供水设施	套	1.00	
9	太阳能热水器	套	25.00	
10	卫星地面接收器	套	1.00	
11	健身器材及图书阅览	套	1.00	

注:公路养护工区每50公里左右设置一座,即每百公里设置两座工区。

西藏自治区(其他)公路养护管理及服务配套设施表

序号	工程名称	单位	工程数量	备注
1	2	3	4	5
	合计			
一	主体工程	m^2	1 432.00	
1	办公及会议室	m^2	80.00	
2	职工宿舍	m^2	1 125.00	
3	机料库房	m^2	100.00	
4	应急物资储备仓库	m^2	50.00	
5	公共厕所	m^2	25.00	
6	配电房	m^2	12.00	
7	洗澡室	m^2	40.00	
二	附属工程			
1	土地征用及平整场地	亩	5.00	
2	大门	道	1.00	
3	围墙	m	240.00	
4	院内硬化	m^2	500.00	
5	院内绿化	m^2	800.00	
6	蔬菜温室	m^2	80.00	
7	供电设施	套	1.00	
8	供水设施	套	1.00	
9	太阳能热水器	套	20.00	
10	卫星地面接收器	套	1.00	
11	健身器材及图书阅览	套	1.00	

注:公路养护工区每50公里左右设置一座,即每百公里设置两座工区。

西藏自治区干线公路改(扩)建项目百公里工器具及生产家具配置数量表 附表9

序号	项目	工器具名称	单位	数量	备注
1	2	3	4	5	6
	合计				
1	器具类	全站仪	台	1	
2		经纬仪	台	1	
3		水准仪	台	1	
4		回弹仪	台	1	
5		测距仪	台	2	
6		钻孔取芯机	台	1	
7		裂缝宽度观测仪	台	1	
1	工具类	铁锹	把	100	
2		十字镐	把	100	
3		扫帚	把	300	
4		钢卷尺	卷	20	
5		测绳	卷	20	
6		强光手电	支	10	
7		对讲机	对	6	
8		望远镜	台	6	
9		路锥	个	400	
10		警示桩	个	200	
11		安全带	卷	60	
12		安全绳	套	10	含挂网
13		钢丝绳	米	200	
14		安全帽	顶	100	
1	生产家具类	办公桌椅	套	4	
2		电脑	台	4	
3		打印机	台	2	
4		复印机	台	2	
5		传真机	台	2	
6		电话机	台	2	
7		文件柜	套	10	
8		沙发	套	80	
9		茶几	套	60	

附表 10

西藏自治区公路建设征用农用地补偿标准表

西藏自治区公路建设征用农用地(临时)补偿标准表

序号	名　　称	单位	土地补偿费（元/年）	地上附着物补偿（元）	备　　注
1	临时使用城市规划区内建设用地	亩	按邻近耕地补偿标准的 50% 计列	根据具体附着物按有关规定作价补偿	用地期满后一年内恢复原貌
2	临时使用城市规划区外建设用地	亩	按邻近耕地补偿标准的 30% 计列		
3	临时使用农用地	亩	按前 3 年平均产值计列		
4	临时使用未利用地	亩	按邻近耕地补偿标准的 20% 计列		

西藏自治区公路建设征用农用地（永久）补偿标准表

序号	项目分类	单位	土地补偿费（元）	安置补助费（元）	地上附着物补偿（元）	耕地开垦费（元）	青苗补偿费（元）	森林植被恢复费（元）	备注
1	征用市（地）所在城镇规划区内耕地	亩	按前3年平均产值8～10倍	按前3年平均产值6倍		1. 拉萨市人民政府所在地，2万元/亩～2.4万元/亩； 2. 地区行政公署所在地，1万元/亩～1.5万元/亩； 3. 县人民政府所在地，0.8万元/亩～1万元/亩； 4. 其他地区，0.5万元/亩～0.8万元/亩	按当年作物的实际产值补偿；无青苗的，按实际投入补偿		西藏自治区实施《中华人民共和国土地管理法》
2	城镇规划区外及其他地区耕地	亩	按前3年平均产值6～8倍	按前3年平均产值6倍					
3	征用市（地）所在城镇规划区内林地	亩	按前3年平均产值6～7倍	按邻近耕地前3年平均产值4倍					
4	城镇规划区外的人工非经济林	亩	按前3年平均产值4～5倍	按邻近耕地前3年平均产值4倍					
5	城镇规划区外的人工经济林	亩	按前3年平均产值8倍	按邻近耕地前3年平均产值4倍					
6	人工草场	亩	按邻近耕地前3年平均产值8～10倍	按邻近耕地前3年平均产值4倍					
7	其他草场	亩	按邻近耕地前3年平均产值2～5倍	按邻近耕地前3年平均产值4倍					

续上表

序号	项目分类	单位	土地补偿费（元）	安置补助费（元）	地上附着物补偿（元）	耕地开垦费（元）	青苗补偿费（元）	森林植被恢复费（元）	备注
8	集体及民用宅地	亩	按邻近耕地前3年平均产值4～6倍		根据具体附着物按有关规定作价补偿				
9	未利用地	亩	按邻近耕地前3年平均产值2倍						
10	用材林地、经济林地、薪炭林地、苗圃地	m^2			根据树木的权属不同采取不同的处理方法：属于国家的则只计森林植被恢复费，树木本身费用不计，但树木属于当地林业部门；属于个人的则不仅要计列森林植被恢复费，树木本身的费用要与权属人协商补偿			6	西藏自治区人民政府办公厅关于进一步加强灌木林保护管理工作的通知，藏政办发[2004]92号
11	未成林造林地	m^2						4	
12	防护林和特种用途林	m^2						8	
13	国家重点防护林和特种用途林地	m^2						10	
14	疏林地、灌木林地	m^2						3	
15	宜林地、采伐迹地、火烧迹地	m^2						2	
16	城镇规划区内林地	m^2						按上述规定标准的2倍分别计列	

注：根据西藏自治区实施《中华人民共和国土地管理法》第三十七条规定：用地单位缴纳的各项补偿费，尚不能使需要安置的农民保持原有生活水平的，经自治区人民政府批准，可以适当增加安置补助费，但是，土地补偿费和安置补助费的总和不得超过土地被征用前3年平均年产值的30倍。

附表 11

西藏自治区公路建设项目竣(交)工验收试验检测费标准表

项目名称	类别		路线(元/公路公里)				大桥(元/座)	
	地形地质	构造物	高速公路	一级公路	二级公路	三、四级公路	一般大桥	技术复杂大桥
试验检测费	复杂	多	30 000	25 000	20 000	15 000	50 000	150 000
	简单	少	25 000	20 000	15 000	10 000		

注:1. 构造物多:构造物建安费占总建安费的比例≥35%。
2. 构造物少:构造物建安费占总建安费的比例<35%。

附件一

国家计委关于印发《招标代理服务收费管理暂行办法》的通知

计价格[2002]1980 号

各省、自治区、直辖市计委、物价局：

为规范招标代理服务收费行为，维护招标人、投标人和招标代理机构的合法权益，促进招标代理行业的健康发展，我委制定了《招标代理服务收费管理暂行办法》（以下简称《办法》），现印发给你们，请按照执行。

根据《国家计委、财政部关于整顿招标投标收费的通知》（计价格[2002]520 号）规定，实行由中标人付费的机电设备招标代理服务，可暂按现行有关规定执行，至 2004 年 1 月 1 日统一执行委托人付费。机电设备招标代理服务收费标准，自《办法》生效之日起按《办法》规定执行。

药品集中招标采购收费暂按现行有关规定执行。

特此通知。

附件：招标代理服务收费管理暂行办法。

中华人民共和国国家发展计划委员会

二〇〇二年十月十五日

招标代理服务收费管理暂行办法

第一条 为规范招标代理服务收费行为,维护招标人、投标人和招标代理机构的合法权益,根据《中华人民共和国价格法》、《中华人民共和国招标投标法》及有关法律、行政法规,制定本办法。

第二条 中华人民共和国境内发生的各类招标代理服务的收费行为,适用本办法。

第三条 本办法所称招标代理服务收费,是指招标代理机构接受招标人委托,从事编制招标文件(包括编制资格预审文件和标底),审查投标人资格,组织投标人踏勘现场并答疑,组织开标、评标、定标,以及提供招标前期咨询、协调合同的签订等业务所收取的费用。

第四条 招标代理机构从事招标代理业务并收取服务费用的,必须符合《中华人民共和国招标投标法》第十三条、第十四条规定的条件,具备独立法人资格和相应资质。

第五条 招标代理机构应当在招标人委托的范围内办理招标事宜,遵守国家法律、法规及政策规定,符合招标人的技术、质量要求。

第六条 招标代理服务应当遵循公开、公正、平等、自愿、有偿的原则。严格禁止任何单位和个人为招标人强制指定招标代理机构或强制具有自行招标资格的单位接受代理并收取费用。

第七条 招标代理服务收费按照招标代理业务性质分为:

(一)各类土木工程、建筑工程、设备安装、管道线路敷设、装饰装修等建设以及附带服务的工程招标代理服务收费。

(二)原材料、产品、设备和固态、液态或气态物体和电力等货物及其附带服务的货物招标代理服务收费。

(三)工程勘察、设计、咨询、监理,矿业权、土地使用权出让、转让和保险等工程和货物以外的服务招标代理服务收费。

第八条 招标代理服务收费实行政府指导价。

第九条 招标代理服务收费采用差额定率累进计费方式。收费标准按本办法附件规定执行,上下浮动幅度不超过20%。具体收费额由招标代理机构和招标委托人在规定的收费标准和浮动幅度内协商确定。

出售招标文件可以收取编制成本费,具体定价办法由省、自治区、直辖市价格主管部门按照不以营利为目的的原则制定。

第十条 招标代理服务实行“谁委托谁付费”。

工程招标委托人支付的招标代理服务费,可计入工程前期费用。货物招标和服务招标委托人支付的招标代理服务费,按照财政部门规定列支。

第十一条 招标代理机构按规定收取代理费用和出售招标文件后,不得再要求招标委托人无偿提供食宿、交通等或收取其他费用。

第十二条 招标代理业务中有超出本办法第三条规定的要求的，招标代理机构可与招标委托人就所增加的工作量，另行协商确定服务费用。

第十三条 招标代理服务收费纠纷，依据《中华人民共和国价格法》、《中华人民共和国合同法》及其他有关法律、法规处理。

第十四条 各级政府有关部门或者其授权、委托的单位，按照国务院关于招标投标管理职能分工规定履行监督职能，要求招标投标当事人履行审批、备案及其他手续的，一律不得收费。

违反前款规定，擅自设立收费项目、制定收费标准以及收取管理性费用的，由政府价格主管部门予以处罚。

第十五条 招标代理机构违反本办法规定的，由政府价格主管部门依据《中华人民共和国价格法》和《价格违法行为行政处罚规定》予以查处。

第十六条 本办法由国家计委负责解释。

第十七条 本办法自 2003 年 1 月 1 日起执行。国家计委及有关部门，各省、自治区、直辖市价格主管部门制定的相关规定，凡与本办法相抵触的，自本办法生效之日起废止。

附

招标代理服务收费标准

服服类型 / 费率 / 中标金额(万元)	货物招标	服务招标	工程招标
100 以下	1.5%	1.5%	1.0%
100 ~ 500	1.1%	0.8%	0.7%
500 ~ 1 000	0.8%	0.45%	0.55%
1 000 ~ 5 000	0.5%	0.25%	0.35%
5 000 ~ 10 000	0.25%	0.1%	0.2%
10 000 ~ 100 000	0.05%	0.05%	0.05%
100 000 以上	0.01%	0.01%	0.01%

注:1. 按本表费率计算的收费为招标代理服务全过程的收费基准价格,单独提供编制招标文件(有标底的含标底)服务的,可按规定标准的30%计收。

2. 招标代理服务收费按差额定率累进法计算。例如:某工程招标代理业务中标金额为6 000万元,计算招标代理服务收费额如下:

100 万元 ×1.0% =1 万元

(500 - 100)万元 ×0.7% =2.8 万元

(1 000 - 500)万元 ×0.55% =2.75 万元

(5 000 - 1 000)万元 ×0.35% =14 万元

(6 000 - 5 000)万元 ×0.2% =2 万元

合计收费 =1 +2.8 +2.75 +14 +2 =22.55(万元)

附件二

国家发展改革委关于降低部分建设项目收费标准规范收费行为等有关问题的通知

发改价格[2011]534号

住房城乡建设部、环境保护部，各省、自治区、直辖市发展改革委、物价局：

为贯彻落实国务院领导重要批示和全国纠风工作会议精神，进一步优化企业发展环境，减轻企业和群众负担，决定适当降低部分建设项目收费标准，规范收费行为。现将有关事项通知如下：

一、降低保障性住房转让手续费，减免保障性住房租赁手续费。经批准设立的各房屋交易登记机构在办理房屋交易手续时，限价商品住房、棚户区改造安置住房等保障性住房转让手续费应在原国家计委、建设部《关于规范住房交易手续费有关问题的通知》（计价格[2002]121号）规定收费标准的基础上减半收取，即执行与经济适用住房相同的收费标准；因继承、遗赠、婚姻关系共有发生的住房转让免收住房转让手续费；依法进行的廉租住房、公共租赁住房等保障性住房租赁行为免收租赁手续费；住房抵押不得收取抵押手续费。

二、规范并降低施工图设计文件审查费。各地应加强施工图设计审查收费管理，经认定设立的施工图审查机构，承接房屋建筑、市政基础设施工程施工图审查业务收取施工图设计文件审查费，以工程勘察设计收费为基准计费的，其收费标准应不高于工程勘察设计收费标准的6.5%；以工程概（预）算投资额比率计费的，其收费标准应不高于工程概（预）算投资额的0.2%；按照建筑面积计费的，其收费标准应不高于2元/平方米。具体收费标准由各省、自治区、直辖市价格主管部门结合当地实际情况，在不高于上述上限的范围内确定。各地现行收费标准低于收费上限的，一律不得提高标准。

三、降低部分行业建设项目环境影响咨询收费标准。各环境影响评价机构对估算投资额100亿元以下的农业、林业、渔业、水利、建材、市政（不含垃圾及危险废物集中处置）、房地产、仓储（涉及有毒、有害及危险品的除外）、烟草、邮电、广播电视、电子配件组装、社会事业与服务建设项目的环境影响评价（编制环境影响报告书、报告表）收费，应在原国家计委、国家环保总局《关于规范环境影响咨询收费有关问题的通知》（计价格[2002]125号）规定的收费标准基础上下调20%收取；上述行业以外的化工、冶金、有色等其他建设项目的环境影响评价收费维持现行标准不变。环境影响评价收费标准中不包括获取相关经济、社会、水文、气象、环境现状等基础数据的费用。

四、降低中标金额在5亿元以上招标代理服务收费标准，并设置收费上限。货物、服务、工程招标代理服务收费差额费率：中标金额在5～10亿元的为0.035%；10～50亿元的为0.008%；50～100亿元的为0.006%；100亿元以上为0.004%。货物、服务、工程一次招标(完成一次招标投标全流程)代理服务费最高限额分别为350万元、300万元和450万元,并按各标段中标金额比例计算各标段招标代理服务费。

中标金额在5亿元以下的招标代理服务收费基准价仍按原国家计委《招标代理服务收费管理暂行办法》(计价格[2002]1980号,以下简称《办法》)附件规定执行。按《办法》附件规定计算的收费额为招标代理服务全过程的收费基准价格,但不含工程量清单、工程标底或工程招标控制价的编制费用。

五、适当扩大工程勘察设计和工程监理收费的市场调节价范围。工程勘察和工程设计收费,总投资估算额在1 000万元以下的建设项目实行市场调节价;1 000万元及以上的建设项目实行政府指导价,收费标准仍按原国家计委、建设部《关于发布〈工程勘察设计收费管理规定〉的通知》(计价格[2002]10号)规定执行。

工程监理收费,对依法必须实行监理的计费额在1 000万元及以上的建设工程施工阶段的收费实行政府指导价,收费标准按国家发展改革委、建设部《关于印发〈建设工程监理与相关服务收费管理规定〉的通知》(发改价格[2007]670号)规定执行;其他工程施工阶段的监理收费和其他阶段的监理与相关服务收费实行市场调节价。

六、各地应进一步加大对建设项目及各类涉房收费项目的清理规范力度。要严禁行政机关在履行行政职责过程中,擅自或变相收取相关审查费、服务费,对自愿或依法必须进行的技术服务,应由项目开发经营单位自主选择服务机构,相关机构不得利用行政权力强制或变相强制项目开发经营单位接受指定服务并强制收取费用。

本通知自2011年5月1日起执行。现行有关规定与本通知不符的,按本通知规定执行。

国家发展改革委

二〇一一年三月十六日

附录　相关法规文件

附录 1　国家计委关于印发建设项目前期工作咨询收费暂行规定的通知

计价格[1999]1283 号

各省、自治区、直辖市物价局(委员会)、计委(计经委),中国工程咨询协会:

为规范建设项目前期工作咨询收费行为,维护委托人和工程咨询机构的合法权益,促进工程咨询业的健康发展,我委制定了《建设项目前期工作咨询收费暂行规定》,现印发给你们,请按照执行,并将执行中遇到的问题及时反馈我委。

附:建设项目前期工作咨询收费暂行规定

一九九九年九月十日

建设项目前期工作咨询收费暂行规定

第一条 为提高建设项目前期工作质量，促进工程咨询社会化、市场化，规范工程咨询收费行为，根据《中华人民共和国价格法》及有关法律法规，制定本规定。

第二条 本规定适用于建设项目前期工作的咨询收费，包括建设项目专题研究、编制和评估项目建议书或者可行性研究报告，以及其他与建设项目前期工作有关的咨询服务收费。

第三条 建设项目前期工作咨询服务，应遵循自愿原则，委托方自主决定选择工程咨询机构，工程咨询机构自主决定是否接收委托。

第四条 从事工程咨询的机构，必须取得相应工程咨询资格证书，具有法人资格，并依法纳税。

第五条 工程咨询机构应遵守国家法律、法规和行业行为准则，开展公平竞争，不得采取不正当手段承揽业务。

第六条 工程咨询机构提供咨询服务，应遵循客观、科学、公平、公正原则，符合国家经济技术政策、规定，符合委托方的技术、质量要求。

第七条 工程咨询机构承担编制建设项目的项目建议书、可行性研究报告、初步设计文件的，不能再参与同一建设项目的项目建议书、可行性研究报告以及工程设计文件的咨询评估业务。

第八条 工程咨询收费实行政府指导价。具体收费标准由工程咨询机构与委托方根据本规定的指导性收费标准协商确定。

第九条 工程咨询收费根据不同工程咨询项目的性质、内容，采取以下方法计取费用：

（一）按建设项目估算投资额，分档计算工程咨询费用（见附件一、二）。

（二）按工程咨询工作所耗工日计算工程咨询费用（见附件三）。

按照前款两种方法不便于计费的，可以参照本规定的工日费用标准由工程咨询机构与委托方议定。但参照工日计算的收费额，不得超过按估算投资额分档计费方式计算的收费额。

第十条 采取按建设项目估算投资额分档计费的，以建设项目的项目建议书或者可行性研究报告的估算投资为计费依据。使用工程咨询机构推荐方案计算的投资与原估算投资发生增减变化时，咨询收费不再调整。

第十一条 工程咨询机构在编制项目建议书或者可行性研究报告时需要勘察、试验，评估项目建议书或者可行性研究报告时需要对勘察、试验数据进行复核，工作量明显增加需要加收费用的，可由双方另行协商加收的费用额和支付方式。

第十二条 工程咨询服务中，工程咨询机构提供自有专利、专有技术，需要另行支付费用的，国家有规定的，按规定执行；没有规定的，由双方协商费用额和支付方式。

第十三条 建设项目前期工作咨询应体现优质优价原则，优质优价的具体幅度由双方在规定的收费标准的基础上协商确定。

第十四条　工程咨询费用，由委托方与工程咨询机构依据本规定，在工程咨询合同中以专门条款确定费用数额及支付方式。

第十五条　工程咨询机构按合同收取咨询费用后，不得再要求委托方无偿提供食宿、交通等便利。

第十六条　工程咨询机构对外聘专家的付费按工日费用标准计算并支付，外聘专家，如有从业单位的，专家费用应支付给专家从业单位。

第十七条　委托方应按合同规定及时向工程咨询机构提供开展咨询业务所必须的工作条件和资料。由于委托方原因造成咨询工作量增加或延长工程咨询期限的，工程咨询机构可与委托方协商加收费用。

第十八条　工程咨询机构提交的咨询成果达不到合同规定标准的，应负责完善，委托方不另支付咨询费。

第十九条　工程咨询合同履行过程中，由于咨询机构失误造成委托方损失的，委托方可扣减或者追回以至全部咨询费用，对造成的直接经济损失，咨询机构应部分或全部赔偿国家计委关于印发建设项目前期工作咨询收费暂行规定的通知。

第二十条　涉外工程咨询业务中有特殊要求的，工程咨询机构可与委托方参照国外有关收费办法协商确定咨询费用。

第二十一条　建设项目投资额在3 000万元以下的和除编制、评估项目建议书或者可行性研究报告以外的其他建设项目前期工作咨询服务的收费标准，由各省、自治区、直辖市价格主管部门会同同级计划部门制定。

第二十二条　本规定由各级价格主管部门监督执行。

第二十三条　本规定由国家发展计划委员会负责解释。

第二十四条　本规定自发布之日起执行。

附件：一、按建设项目估算投资额分档收费标准

二、按建设项目估算投资额分档收费的调整系数

三、工程咨询人员工日费用标准

附件

一、按建设项目估算投资额分档收费标准

估算投资额咨询评估项目	3 000 万元～1 亿元	1 亿元～5 亿元	5 亿元～10 亿元	10 亿元～50 亿元	50 亿元以上
一、编制项目建议书	6～14	14～37	37～55	55～100	100～125
二、编制可行性研究报告	12～28	28～75	75～110	110～200	200～250
三、评估项目建议书	4～8	8～12	12～15	15～17	17～20
四、评估可行性研究报告	5～10	10～15	15～20	20～25	25～35

注:1. 建设项目评估投资额是指项目建议书或者可行性研究报告的估算投资额。

2. 建设项目的具体收费标准:根据估算投资额在相应的区间内用插入法计算。

3. 根据行业特点和各行业内部不同类别工程的复杂程度,计算咨询费用时可分别乘以行业调整系数和工程复杂程度调整系数(见附表二)。

二、按建设项目估算投资额分档收费的调整系数

行　　业	调整系数(以附表一所列收费标准为1)
一、行业调整系数	
1. 石化、化工、钢铁	1.3
2. 石油、天然气、水利、火电、交通(水运)、化纤	1.2
3. 有色、黄金、纺织、轻工、邮电、广播电视、医药、煤炭、水电(含核电)、机械(含船舶、航空、航天、兵器)	1.0
4. 林业、商业、粮食、建筑	0.8
5. 建材、交通(公路)、铁道、市政公用工程	0.7
二、工程复杂程度调整系数	0.8～1.2

注:工程复杂程度具体调整系数由工程咨询机构与委托单位根据各类工程情况协商确定。

三、工程咨询人员工日费用标准

咨询人员职级	工日费用标准(元)
一、高级专家	1 000～1 200
二、高级专业技术职称的咨询人员	800～1 000
三、中级专业技术职称的咨询人员	600～800

附录 2　关于公布取消和停止征收 100 项行政事业性收费项目的通知

财综[2008]78 号

党中央有关部门,国务院各部委、各直属机构,各省、自治区、直辖市财政厅(局)、发展改革委、物价局:

为推进行政事业性收费改革,促进依法行政,切实减轻企业和社会负担,支持经济平稳较快发展,我们对全国性及中央部门和单位行政事业性收费项目进行了全面清理,决定公布取消和停止征收部分行政事业性收费。现将有关事项通知如下:

一、自 2009 年 1 月 1 日起,在全国统一取消和停止征收 100 项行政事业性收费(具体项目见附件)。

各地区和部门出台的收费项目与本通知公布取消和停止征收的收费项目相类似的,一律予以取消。

二、上述行政事业性收费项目取消和停止征收后,有关部门和单位依法履行行政管理职能或核发证照所需要的经费,由同级财政预算予以保障。其中,财政补助事业单位的经费支出,通过部门预算予以安排;自收自支事业单位的经费支出,通过安排其上级行政主管部门项目支出予以拨付。各级财政部门应按照上述要求,妥善安排有关部门和单位预算,确保其管理工作的正常运转。

三、有关执收部门和单位应按规定到原核发《收费许可证》的价格主管部门办理《收费许可证》注销手续,并到原核发财政票据的财政部门办理票据缴销手续。2009 年 1 月 1 日前有关收费资金余额应严格按照财政部门原规定渠道全部上缴国库或财政专户。

四、各地区和有关部门应严格执行本通知规定,认真落实公布取消和停止征收的收费项目,不得以任何理由拖延或拒绝执行,也不得以转为经营服务性收费等方式变相继续收费。各级财政部门和价格主管部门要加强对落实本通知情况的监督检查,对不按规定取消或停止征收收费项目的,要按规定给予处罚,并追究责任人员的行政责任。

五、各省、自治区、直辖市财政部门、价格主管部门要全面清理本地区出台的行政事业性收费项目,对不合法、不合理收费项目予以公布取消,并报财政部、国家发展改革委备案。

财政部　国家发展改革委

二〇〇八年十一月十三日

附件

取消的行政事业性收费项目

（共92项）

发展改革部门

1. 农业化学物质产品行政保护费（已随职能调整划入工业和信息化部）
2. 收费许可证工本费
3. 煤炭生产许可证工本费

教育部门

4. 义务教育杂费（已于2008年9月1日起停止征收）
5. 义务教育借读费
6. 公派出国留学人员学位及文凭认证费
7. 公派出国留学人员报名费和评审费
8. 学位与研究生教育评估费
9. 学位证书工本费
10. 高等学历文凭工本费
11. 外语、计算机等级考试证书工本费
12. 国家普通话水平等级证书工本费
13. 高校保送生综合能力考试考务费

公安部门

14. 边防检查证件工本费（登陆证、船员住宿证、登轮证、停留许可证、搭靠外轮许可证、机动车辆出入境查验卡）
15. 暂住证（卡）工本费
16. 特种行业许可证工本费

民政部门

17. 社会团体登记费
18. 民办非企业单位登记费和变更登记费

司法部门

19. 法律职业资格证书工本费

财政部门

20. 会计从业资格证书工本费
21. 珠算证书工本费
22. 注册会计师全科合格证工本费

人力资源社会保障部门

23. 职称外语等级考试合格证书工本费
24. 专业技术人员职业资格证书工本费

25. 专业技术人员计算机能力考试合格证书工本费
26. 劳动合同签证费
27. 劳动争议仲裁费
28. 职业资格证书工本费
29. 外国人就业证工本费
30. 台港澳人员就业证工本费
31. 人才流动中心收取的协调调出调入争议费

住房城乡建设部门

32. 城市房屋拆迁管理费
33. 工程定额测定费
34. 建设工程质量监督费（含工业、交通、民用、市政公用等工程和建筑构件）
35. 注册土木工程师（岩土）注册证书工本费
36. 注册土木工程师执业印章工本费
37. 人力资源开发中心收取的协调调入调出争议费

铁道部门

38. 会计从业资格证书工本费
39. 铁路工程质量监督费

交通运输部门

40. 海员证（含加急）工本费
41. 船员适任证书（含海船及内河船舶）工本费
42. 船员专业培训合格证书工本费
43. 船员特殊培训合格证书工本费
44. 海员服务簿工本费
45. 航海专业培养费

工业和信息化部门

46. 电信设备进网许可证工本费

水利部门

47. 水利建设工程质量监督费

农业部门

48. 畜禽及畜禽产品防疫费（不含检疫费）
49. 兽药生产许可证工本费
50. 兽药经营许可证工本费
51. 新饲料添加剂审批费
52. 进口饲料添加剂注册审批费
53. 农机服务费
54. 人力资源开发中心收取的专业技术资格考试费和培训费

商务部门

55. 进出口货物许可证工本费
56. 外商投资企业批准证书费
57. 最终用户证明书费
58. 技术引进合同批准证书费
59. 外派劳务(研修生)培训合格证工本费

卫生部门

60. 护士注册费
61. 执业医师注册费(含执业医师证书费)
62. 消毒药械审批费
63. 化妆品审批费
64. 新资源食品申请审评费
65. 卫生许可证工本费
66. 出生医学证明工本费
67. 母婴保健技术服务许可及考核合格证工本费
68. 医师资格证书工本费

科技部门

69. 大型精密仪器协作共用费

中直管理局

70. 会计从业资格证书工本费

中编办

71. 事业单位登记费

海关部门

72. 货物进出口证书工本费
73. 单证收费

工商行政管理部门

74. 广告经营单位注册登记费
75. 经济合同示范文本工本费

民航部门

76. 民航从业人员执照工本费

新闻出版部门

77. 出版物条形码胶片费
78. 印刷产品质量委托检验费
79. 新闻出版岗位培训费

安全监督管理部门

80. 职业、矿山安全卫生检验费

食品药品监督管理部门

81. 医疗器械生产准许证审查费

82. 医疗器械产品注册费

83. 新资源食品(保健品)申请审评费

旅游部门

84. 导游证 IC 卡工本费

国管局

85. 会计从业资格证书工本费

国务院南水北调办

86. 南水北调工程建设质量监督费

保监会

87. 保险代理人资格证书工本费

88. 保险经纪人资格证书工本费

89. 保险公估人资格证书工本费

证监会

90. 证券、期货从业人员资格证书工本费

国家外国专家局

91. 外国专家证书工本费

92. 出国培训备选人员外语考试教材工本费

停止征收的行政事业性收费项目

(共 8 项)

水利部门

1. 取水许可证费

农业部门

2. 种子生产许可证工本费

3. 种子经营许可证工本费

林业部门

4. 林木种子生产许可证工本费

5. 林木种子经营许可证工本费

食品药品监督管理部门

6. 药品生产企业许可证工本费

7. 药品经营企业许可证工本费

8. 制剂许可证工本费

附录3　汽车运价规则

交通运输部　国家发展和改革委员会　交运发[2009]275号

第一章　总　　则

第一条　为规范全国道路运输价格计算办法，维护旅客、货主和道路运输经营者的合法权益，促进道路运输健康发展，依据《中华人民共和国价格法》和《中华人民共和国道路运输条例》的规定，制定本规则。

第二条　本规则是计算汽车运费的依据。

凡在中华人民共和国境内参与道路运输经营活动的道路运输经营者和旅客、货主，应当遵守本规则。

第三条　本规则规定的汽车运价包括汽车旅客运价和汽车货物运价。

第四条　制定汽车运价应当反映运输经营成本和市场供求关系，根据不同运输条件实行差别运价，合理确定汽车运输的比价关系。

第二章　旅客运价

第一节　计价标准

第五条　运价单位：

（一）计程运价：元/人千米。

（二）计时运价：元/座位小时。

（三）行包运价：元/千克千米。

（四）国际道路旅客运输涉及其他货币时，在无法折算为人民币的情况下，可使用其他自由兑换货币为运价单位。

第六条　计费里程

（一）里程单位：旅客运输计费里程以千米为单位，尾数不足1千米的，四舍五入。

（二）里程确定：

1. 营运线路公路里程按交通运输部核定颁发的《中国公路营运里程图集》确定。《中国公路营运里程图集》应当每三至五年修订一次。《中国公路营运里程图集》中未标明的，由当地人民政府交通运输主管部门按照实际里程确定。

2. 城市市区里程按照实际里程计算，或者按照当地人民政府交通运输主管部门确定的市区平均营运里程计算，具体由各省、自治区、直辖市人民政府交通运输主管部门确定。

3. 国际道路旅客运输属于境内的计费里程以交通运输主管部门核定的里程为准，境外的里程按有关国家（地区）交通运输主管部门或者有权认定部门核定的里程确定。

（三）里程计算：

1. 班车客运的计费里程按旅客乘车出发地至到达地的区间里程计算。

2. 计程包车客运的计费里程，包括运输里程和调车里程。运输里程按客车驶抵载客地点起至下客地点止的实际载客里程计算；调车里程按客车由站（库）至载客点加下客点返回至站（库）的空驶里程的50%计算。

第七条　计时包车客运计费时间以小时为单位，起码计费时间为2小时；使用时间超过2小时的，按实际包用时间计算。整日包车，每日按8小时计算；使用时间超过8小时的，按实际使用时间计算。时间尾数不足半小时的舍去，达到半小时的进整为1小时。

第八条　行包计费重量以千克为单位。起码计费重量为10千克；计费重量超过10千克的按照实际重计费，尾数不足1千克的，四舍五入。轻泡行包按3立方分米折合1千克计重。

行包计费具体标准由省级人民政府价格、交通运输主管部门确定。

第二节　计价规定

第九条　旅客运价依据车辆类别、等级、车型等计算。

车辆类别的划分：

（一）坐席客车按舒适程度和等级划分为：普通、中级、高一级、高二级、高三级五档。

（二）卧铺客车按舒适程度和等级划分为：普通、中级、高级三档。

如需按客车大小分类及其他计价类别进行定价的，可参照《营运客车类型划分及等级评定》（JT/T 325），由省级人民政府价格、交通运输主管部门确定。

第十条　国际道路旅客运价按照双边或者多边汽车运输协定，根据对等原则，由经授权的交通运输主管部门协商确定。

第十一条　客运车辆通过收费公路、渡口、桥梁、隧道所发生的通行费用，按营运车辆平均实载率测算计入票价。

第十二条　成人及身高超过1.5米的儿童乘车购买全票。身高1.2米以下、不单独占用座位的儿童乘车免票，身高1.2～1.5米的儿童乘车购买儿童票，革命伤残军人、因公致残的人民警察乘车分别凭《中华人民共和国残疾军人证》、《中华人民共和国伤残人民警察证》购买优待票。儿童票和优待票按照具体执行票价的50%计算。

第三节　旅客运费（票价）计算

第十三条　客运票价构成：

客运票价＝客运车型运价（含2%的旅客身体伤害赔偿责任保障金）×旅客计费里程（营运线路公路里程＋城市市区里程）＋旅客站务费＋车辆通行费＋燃油附加费＋其他法定收费。

客运车型运价是指对不同类型、等级的客运车辆所制定的每位旅客每千米的运输价格，由运输成本、合理利润、税金等构成。

实行政府定价或者政府指导价格的客运车型运价，由县级以上地方人民政府及其价格、交通运输主管部门按照《道路运输价格管理规定》的规定合理确定。

燃油附加费是指各地按照价格管理权限，建立道路客运价格与成品油价格联动机制，用于补偿成品油价格上涨造成道路客运成本增支的费用。

第十四条 运费单位：

（一）旅客票价单位：每张客票起码票价1元。票价1元至10元的，尾数不足0.1元的四舍五入，尾数为0.1、0.2元的舍去，尾数为0.3、0.4、0.5、0.6、0.7元的变为0.5元，尾数为0.8、0.9元的进整为1元。票价超过10元，尾数不足1元的，四舍五入。

（二）行包运费单位：以元为单位，每张运单费用合计尾数不足1元的，四舍五入。

第三章 货物运价

第一节 计价标准

第十五条 运价单位：

（一）整批运输：元/吨千米；

（二）零担运输：元/千克千米；

（三）集装箱运输：元/箱千米；

（四）包车运输：元/吨位小时；

（五）国际道路货物运输涉及其他货币时，在无法折算为人民币的情况下，可使用其他自由兑换货币为运价单位。

第十六条 计费重量：

（一）计量单位。

1. 整批货物运输以吨为单位。

2. 零担货物运输以千克为单位。

3. 集装箱运输以标准箱为单位。

（二）重量确定。

1. 一般货物：无论整批、零担货物计费重量均按毛量计算。整批货物吨以下计至100千克，尾数不足100千克的，四舍五入。零担货物起码计费重量为1千克，重量在1千克以上，尾数不足1千克的，四舍五入。

2. 轻泡货物：指每立方米重量不足333千克的货物。

装运整批轻泡货物的高度、长度、宽度，以不超过有关道路交通安全规定为限度，按车辆核定载质量计算重量。

零担运输轻泡货物以货物包装最长、最宽、最高部位尺寸计算体积，按每立方米折合333千克计算重量。

轻泡货物也可按照立方米作为计量单位收取运费。

3. 包车运输按车辆的核定质量或者车辆容积计算。

4. 货物重量一般以起运地过磅为准。

5. 散装货物，如砖、瓦、砂、石、矿石、木材等，按重量计算或者按体积折算。

第十七条 计费里程：

（一）里程单位：

货物运输计费里程以千米为单位，尾数不足1千米的，四舍五入。

（二）里程确定：

1. 货物运输的营运公路里程按交通运输部核定颁发的《中国公路营运里程图集》确定。《中国公路营运里程图集》未核定的里程，由承、托运双方共同测定或者经协商按车辆实际运行里程计算。

2. 货物运输的计费里程按装货地至卸货地的营运里程计算。

3. 城市市区里程按照实际里程计算，或者按照当地人民政府交通运输主管部门确定的市区平均营运里程计算，具体由各省、自治区、直辖市人民政府交通运输主管部门确定。

4. 国际道路货物运输属于境内的计费里程以交通运输主管部门核定的里程为准，境外的里程按有关国家（地区）交通运输主管部门或者有权认定部门核定的里程确定。

第十八条　计时包车货运计费参照第七条的规定执行。

第二节　计 价 类 别

第十九条　载货汽车按其用途不同，分为普通货车、专用货车两种。专用货车包括罐车、冷藏车及其他具有特殊构造的专门用途的车辆。

第二十条　货物按其性质分为普通货物和特种货物两种。特种货物分为大型特型笨重物件、危险货物、贵重货的、鲜活货物四类。

第二十一条　集装箱按箱型分为国内标准集装箱、国际标准集装箱和非标准集装箱三类，其中国内标准集装箱分为 1 吨箱、6 吨箱、10 吨箱三种，国际标准集装箱分为 20 英尺、40 英尺箱两种。

第二十二条　道路货物运输根据营运形式分为道路货物整批运输、零担运输和集装箱运输。

第三节　计 价 规 定

第二十三条　运价：

（一）整批货物运价：指整批普通货物在等级公路上运输的每吨千米运价。

（二）零担货物运价：指零担普通货物在等级公路上运输的每千克千米运价。

（三）集装箱运价：指各类标准集装箱重箱在等级公路上运输的每箱千米运价。

第二十四条　在计算货物运价时，应当考虑车辆类型、货物种类、集装箱箱型、营运形式等因素。

第二十五条　运费计算：

整批货物运费 = 整批货物运价 × 计费重量 × 计费里程 + 车辆通行费 + 其他法定收费

零担货物运费 = 零担货物运价 × 计费重量 × 计费里程 + 车辆通行费 + 其他法定收费

重（空）集装箱运费 = 重（空）箱运价 × 计费箱数 × 计费里程 + 车辆通行费 + 其他法定收费

包车运费 = 包车运价 × 包用车辆吨位 × 计费时间 + 车辆通行费 + 其他法定收费

第二十六条　运费以元为单位。运费尾数不足 1 元的，四舍五入。

第二十七条　国际道路货物运输价格按双边或者多边汽车运输协定，根据对等原则，由经授权的交通运输主管部门协商确定。

第四章　附　　则

第二十八条　汽车客票由各省、自治区、直辖市道路运输管理机构统一印制管理。

第二十九条　本规则由交通运输部会同国家发展和改革委员会负责解释。

第三十条　本规则自2009年9月1日起执行。1998年交通部、国家发展计划委员会颁布的《汽车运价规则》(交公路发[1998]502号)同时废止。

附录4 关于开发建设项目水土保持咨询服务费用计列的指导意见

保监[2005]22号

为规范开发建设项目水土保持方案编制、监理、监测、评估、咨询等计费工作，促进开发建设项目水土保持工作健康发展，结合《水土保持工程概(估)算编制规定和定额》(水利部水总[2003]67号)和《开发建设项目水土保持设施验收管理办法》(水利部第16号令)的有关规定，现就开发建设项目水土保持方案编制、水土保持监理、水土保持监测、水土保持设施验收技术评估报告编制和水土保持技术文件技术咨询服务费计列提出以下指导意见：

一、水土保持方案编制费

根据国家计委、建设部《关于发布〈工程勘察设计收费管理规定〉的通知》(计价格[2002]10号)的规定，初步设计和施工图阶段的水土保持勘测设计费按该文件执行。可行性研究阶段的开发建设项目水土保持方案编制费可参考表1标准计列。

表1 水土保持方案编制费计列标准

主体工程土建投资(亿元)	0.5	1.0	2.0	3.0	4.0	5.0	6.0	7.0	8.0	9.0	10.0
水土保持方案编制费(万元)	30	52	72	82	95	104	116	119	132	156	171
主体工程土建投资(亿元)		11.0	12.0	13.0	14.0	15.0	16.0	17.0	18.0	19.0	20.0
水土保持方案编制费(万元)		185	200	220	230	245	259	270	290	320	350

二、水土保持监理费

根据《国家发展和改革委员会办公厅、建设部办公厅关于印发修订建设监理与咨询服务收费标准的工作方案的通知》(发改办价格[2005]632号)，国家发改委与建设部将共同开展建设监理收费标准的制定工作，水土保持监理收费应按新标准计列。新标准未颁布前，可参考主体工程现有标准执行。

三、水土保持监测费

根据《水土保持生态环境监测网络管理办法》(水利部第12号令)和《水土保持监测技术规范》(SL 277—2002)要求，水土保持监测费包括监测设施费和施工期监测费。其中，水土保持监测设施费在水土保持工程措施费中计列，施工期监测费可参考表2标准计列。

表 2　水土保持施工期监测费计列标准

主体工程土建投资(亿元)	0.5	1.0	2.0	3.0	4.0	5.0	6.0	7.0	8.0	9.0	10.0
技术评估报告编制费(万元)	10	18	30	36	42	48	54	60	66	72	78
主体工程土建投资(亿元)		11.0	12.0	13.0	14.0	15.0	16.0	17.0	18.0	19.0	20.0
技术评估报告编制费(万元)		84	107	111	116	119	126	130	144	150	160

注:地貌类型调整系数山区为1.2,丘陵及风沙区为1.0,平原区为0.8。

四、水土保持设施竣工验收技术评估报告编制费

根据《开发建设项目水土保持设施验收管理办法》(水利部第16号令)规定,开发建设项目竣工验收阶段,建设单位应委托水行政主管部门认定的咨询评估单位编制《水土保持设施竣工验收技术评估报告》,其费用可参考表3标准计列。

表 3　水土保持设施竣工验收技术评估报告编制费计列标准

主体工程土建投资(亿元)	0.5	1.0	2.0	3.0	4.0	5.0	6.0	7.0	8.0	9.0	10.0
技术评估报告编制费(万元)	10	18	30	36	42	48	54	60	66	72	78
主体工程土建投资(亿元)		11.0	12.0	13.0	14.0	15.0	16.0	17.0	18.0	19.0	20.0
技术评估报告编制费(万元)		84	107	111	116	119	126	130	144	150	160

五、水土保持技术文件技术咨询服务费

根据《国家发展和改革委员会办公厅、建设部办公厅关于印发修订建设监理与咨询服务收费标准的工作方案的通知》(发改办价格[2005]632号)、《国家计委和国家环境保护总局关于规范环境影响咨询收费有关问题的通知》(计价格[2002]125号),水土保持技术文件技术咨询服务费可参考表4标准计列。

表 4　水土保持技术文件技术咨询服务费计列标准

主体工程土建投资(亿元)	0.5	1.0	2.0	3.0	4.0	5.0	6.0	7.0	8.0	9.0	10.0
技术咨询服务费(万元)	1.0	1.5	2.0	2.5	2.9	3.2	3.5	3.8	4.0	4.8	5.2
主体工程土建投资(亿元)		11.0	12.0	13.0	14.0	15.0	16.0	17.0	18.0	19.0	20.0
技术咨询服务费(万元)		5.6	6.0	6.5	7.0	7.5	7.8	8.3	8.5	9.0	9.5

水利部水土保持司

二〇〇五年六月十七日

附录5 关于公路工程材料和工程质量检测收费项目及收费标准的通知

藏发改价格[2008]867号

西藏交通厅公路基本建设工程质量监督站：

你站《关于西藏地区公路工程材料试验和工程质量检测项目收费标准的请示》(藏交质监字[2008]17号)悉。为进一步规范公路工程质量检测收费项目及收费标准,加强公路工程质量检测工作,经审核,现就我区公路工程材料和公路工程质量检测收费项目、收费标准及有关事项通知如下：

一、收费项目及收费标准

(一)公路工程材料室内试(检)验收费项目及收费标准(详见附件1)

(二)公路工程现场检测收费项目及收费标准(详见附件2)

二、此收费标准为指导价,检测试验机构可结合实际情况自行下浮。

三、检测试验机构提供服务并实施收费,应遵循公开、公正、诚实信用和自愿有偿、委托人付费的原则,不得强制。

四、收费单位必须到同级价格主管部门办理《收费许可证》,实行亮证收费,并在收费场所显著位置实行收费公示,使用税务部门统一印制的收费票据,主动接受社会监督和价格主管部门的监督检查。

五、本通知自2009年1月1日起执行。此前有关公路工程材料和公路工程质量检测的收费文件同时废止。

附件1 公路工程材料室内试(检)验收费项目及收费标准

附件2 公路工程现场检测收费项目及收费标准

二〇〇八年十二月三十一日

附件 1

公路工程材料室内试(检)验收费项目及收费标准

<table>
<tr><th>序号</th><th colspan="2">收费项目</th><th>计价单位</th><th>收费标准(元)</th><th>备　注</th></tr>
<tr><td colspan="6">**一、土工试验项目**</td></tr>
<tr><td>1</td><td colspan="2">颗粒分析(筛分法)</td><td>样</td><td>400</td><td>含相关实验</td></tr>
<tr><td>2</td><td colspan="2">击实试验</td><td>组</td><td>1 000</td><td>每种含石量</td></tr>
<tr><td>3</td><td colspan="2">液限塑限联合测定法</td><td>样</td><td>500</td><td></td></tr>
<tr><td>4</td><td colspan="2">缩限试验</td><td>样</td><td>300</td><td></td></tr>
<tr><td>5</td><td colspan="2">土膨胀试验</td><td>样</td><td>600</td><td></td></tr>
<tr><td>6</td><td colspan="2">砂的相对密度试验</td><td>样</td><td>800</td><td></td></tr>
<tr><td>7</td><td colspan="2">砂的最大孔隙比</td><td>个</td><td>150</td><td></td></tr>
<tr><td>8</td><td colspan="2">砂的最小孔隙比</td><td>个</td><td>300</td><td></td></tr>
<tr><td>9</td><td colspan="2">土的毛细管水上升高度试验</td><td>样</td><td>1 000</td><td></td></tr>
<tr><td>10</td><td rowspan="2">渗透试验</td><td>黏土</td><td>样</td><td>1 000</td><td></td></tr>
<tr><td>11</td><td>砂土</td><td>样</td><td>900</td><td></td></tr>
<tr><td>12</td><td colspan="2">粗粒土和巨粒土最大干密度试验</td><td>样</td><td>1 500</td><td></td></tr>
<tr><td>13</td><td colspan="2">承载比(CBR)试验</td><td>每压实度</td><td>1 200</td><td>不含击实试验</td></tr>
<tr><td>14</td><td colspan="2">回弹模量试验</td><td>样</td><td>1 900</td><td></td></tr>
<tr><td>15</td><td colspan="2">固结试验(不提供 CV)</td><td>样</td><td>900</td><td></td></tr>
<tr><td>16</td><td colspan="2">固结试验(提供 CV)</td><td>样</td><td>1 700</td><td></td></tr>
<tr><td>17</td><td colspan="2">直接剪切试验</td><td>个</td><td>400</td><td></td></tr>
<tr><td>18</td><td colspan="2">三轴压缩试验</td><td>样</td><td>3 900</td><td></td></tr>
<tr><td>19</td><td colspan="2">酸碱度试验</td><td>样</td><td>300</td><td></td></tr>
<tr><td>20</td><td colspan="2">烧失量试验</td><td>样</td><td>250</td><td></td></tr>
<tr><td>21</td><td colspan="2">有机质含量</td><td>样</td><td>380</td><td></td></tr>
<tr><td>22</td><td colspan="2">易溶盐试验</td><td>项</td><td>300</td><td></td></tr>
<tr><td>23</td><td colspan="2">中溶盐石膏试验</td><td>项</td><td>300</td><td></td></tr>
<tr><td>24</td><td colspan="2">难溶盐碳酸钙试验</td><td>项</td><td>300</td><td></td></tr>
<tr><td>25</td><td colspan="2">阳离子交换量试验</td><td>项</td><td>300</td><td></td></tr>
<tr><td>26</td><td colspan="2">矿物成分试验</td><td>项</td><td>300</td><td></td></tr>
<tr><td>27</td><td colspan="2">土无侧限抗压模量试验</td><td>组</td><td>580</td><td></td></tr>
<tr><td>28</td><td colspan="2">土抗拉弯强度试验</td><td>组</td><td>700</td><td></td></tr>
<tr><td>29</td><td colspan="2">土抗拉弯回弹模量试验</td><td>项</td><td>800</td><td></td></tr>
<tr><td>30</td><td colspan="2">无侧限抗压强度</td><td>块</td><td>450</td><td></td></tr>
<tr><td>31</td><td colspan="2">含水率试验</td><td>样</td><td>80</td><td></td></tr>
<tr><td>32</td><td colspan="2">密度试验(环刀法)</td><td>样</td><td>80</td><td>含相关试验费</td></tr>
<tr><td>33</td><td colspan="2">颗粒大小分析试验(密度计法)</td><td>样</td><td>1 800</td><td>含相关试验费</td></tr>
</table>

续上表

<table>
<tr><th>序号</th><th colspan="2">收费项目</th><th>计价单位</th><th>收费标准(元)</th><th>备 注</th></tr>
<tr><td>34</td><td colspan="2">液限试验</td><td>样</td><td>120</td><td></td></tr>
<tr><td>35</td><td colspan="2">塑限试验</td><td>样</td><td>150</td><td></td></tr>
<tr><td>36</td><td colspan="2">重型击实试验</td><td>样</td><td>1 500</td><td></td></tr>
<tr><td>37</td><td colspan="2">轻型击实试验</td><td>样</td><td>1 000</td><td></td></tr>
<tr><td>38</td><td colspan="2">相对密度试验</td><td>样</td><td>300</td><td></td></tr>
<tr><td>39</td><td colspan="2">天然稠度试验</td><td>样</td><td>300</td><td></td></tr>
<tr><td colspan="6">二、金属材料试验项目</td></tr>
<tr><td>40</td><td colspan="2">焊接试件 ϕ20mm 以下试验</td><td>根</td><td>25</td><td></td></tr>
<tr><td>41</td><td colspan="2">焊接试件 ϕ20mm ~ 30mm 试验</td><td>根</td><td>35</td><td></td></tr>
<tr><td>42</td><td colspan="2">焊接试件 ϕ30mm 以上试验</td><td>根</td><td>50</td><td></td></tr>
<tr><td>43</td><td colspan="2">钢绞线拉伸试验</td><td>根</td><td>300</td><td>含抗压强度、最大力、延伸力、伸长率</td></tr>
<tr><td>44</td><td colspan="2">钢绞线弹性模量试验</td><td>根</td><td>800</td><td></td></tr>
<tr><td>45</td><td colspan="2">钢铁化学分析</td><td>项</td><td>600</td><td></td></tr>
<tr><td>46</td><td rowspan="2">线材拉力试验</td><td>ϕ5</td><td>根</td><td>20</td><td></td></tr>
<tr><td>47</td><td>ϕ7</td><td>根</td><td>30</td><td></td></tr>
<tr><td>48</td><td colspan="2">比例极限试验</td><td>根</td><td>380</td><td></td></tr>
<tr><td>49</td><td colspan="2">常温冲击韧性试验</td><td>根</td><td>45</td><td rowspan="8">25mm 以上厚钢板及焊接件增加 20%</td></tr>
<tr><td>50</td><td colspan="2">低温冲击韧性试验</td><td>根</td><td>90</td></tr>
<tr><td>51</td><td colspan="2">压扁试验</td><td>根</td><td>60</td></tr>
<tr><td>52</td><td colspan="2">扩口试验</td><td>根</td><td>60</td></tr>
<tr><td>53</td><td colspan="2">断口试验</td><td>根</td><td>120</td></tr>
<tr><td>54</td><td colspan="2">HB 硬度试验(3 点)</td><td>根</td><td>75</td></tr>
<tr><td>55</td><td colspan="2">HR 硬度试验(3 点)</td><td>根</td><td>75</td></tr>
<tr><td>56</td><td colspan="2">HV 硬度试验(3 点)</td><td>根</td><td>150</td></tr>
<tr><td>57</td><td colspan="2">抗拉试件 ϕ20mm 以下试验</td><td>根</td><td>20</td><td></td></tr>
<tr><td>58</td><td colspan="2">抗拉试件 ϕ20mm ~ 30mm 试验</td><td>根</td><td>30</td><td></td></tr>
<tr><td>59</td><td colspan="2">抗拉试件 ϕ30mm 以上试验</td><td>根</td><td>50</td><td></td></tr>
<tr><td>60</td><td colspan="2">冷弯试验</td><td>根</td><td>40</td><td></td></tr>
<tr><td>61</td><td colspan="2">反复弯曲试验</td><td>根</td><td>120</td><td></td></tr>
<tr><td>62</td><td colspan="2">静弹性模量试验</td><td>根</td><td>150</td><td></td></tr>
<tr><td colspan="6">三、沥青及沥青混合料试验项目</td></tr>
<tr><td colspan="6">(一)沥青试验项目</td></tr>
<tr><td>63</td><td colspan="2">样品处理</td><td>样</td><td>150</td><td>含脱水、过滤,不包括取样</td></tr>
<tr><td>64</td><td colspan="2">沥青低温延度试验</td><td>样</td><td>620</td><td></td></tr>
</table>

续上表

序号	收费项目	计价单位	收费标准(元)	备注
65	沥青密度与相对密度试验	样	500	
66	沥青溶解度试验	样	600	
67	沥青蒸发损失试验	样	1 000	
68	沥青薄膜加热试验	样	1 000	包括质量损失
69	沥青旋转薄膜加热试验	样	2 100	包括质量损失
70	老化后针入度比试验	样	600	
71	老化后5℃延度试验	样	900	
72	老化后15℃延度试验	样	700	
73	老化后25℃延度试验	样	600	
74	沥青标号掺配试验	样	400	不含脱水、过滤
75	沥青针入度试验	样	580	不含脱水、过滤
76	沥青延度试验	样	580	
77	沥青软化点试验(环球法)	样	580	
78	沥青闪点与燃点试验	样	500	
79	沥青与粗骨料的黏附性试验	样	350	
80	沥青黏度试验	样	760	
81	沥青黏韧性试验	样	2 400	包括韧性
82	沥青运动黏度	样	2 800	
83	沥青动力黏度试验	样	2 800	
84	沥青针入度指数	样	1 500	在此基础上可提供针入度数据,不另收其费用
85	沥青含水量试验	样	300	
86	沥青脆点试验	样	430	
87	沥青灰分含量试验	样	580	
88	沥青蜡含量试验	样	4 600	
89	沥青标准稠度试验	样	1 100	
90	沥青酸值测定法	样	780	
91	液体石油沥青蒸馏试验	样	1 000	
92	液体石油沥青闪点试验	样	300	
93	煤沥青蒸馏试验	样	950	
94	乳化沥青蒸发残留物含量试验	样	580	
95	乳化沥青筛上剩余量试验	样	280	
96	乳化沥青微粒离子电荷试验	样	600	
97	乳化沥青与矿料的黏附性试验	样	300	
98	乳化沥青储存稳定性试验	样	600	

续上表

序号	收费项目	计价单位	收费标准(元)	备　　注
99	乳化沥青水泥拌和试验	样	600	
100	乳化沥青破乳速度试验	样	600	
101	乳化沥青与矿料的拌和试验	样	600	
(二)沥青混合料试验				
102	沥青砂配合比设计	样	1 100	
103	沥青混合料中沥青含量试验(抽提仪法)	样	800	
104	沥青混合料中沥青含量及 集料分析试验(燃烧炉法)	样	1 450	
105	沥青混合料马歇尔试件成型及 稳定度、流值测试	组	1 400	
106	沥青混凝土配合比设计(马歇尔)试验	个	3 700	不含原材料分析
107	沥青混合料成型	个	100	
108	压实沥青混合料密度试验	个	100	
109	沥青路面芯样空隙率	个	100	
110	沥青路面芯样厚度	个	20	
111	沥青路面芯样马歇尔稳定度、流值试验	个	300	
112	沥青混合料理论最大相对密度试验	样	600	
113	沥青混合料饱水率试验	样	480	
114	沥青混合料劈裂试验	个	300	
115	沥青混合料单轴压缩试验	个	300	
116	沥青混合料弯曲试验	个	300	
117	沥青混合料车辙试验	块	4 800	如需制件,加制件费 1 000 元
118	沥青混合料中的矿料级配试验	样	500	
119	沥青混合料强度(稳定度)试验	个	200	
120	沥青集料理论级配设计	个	500	不含集料级配分析
121	沥青混凝土抗压强度	组	300	
122	沥青混凝土抗弯拉强度	组	600	
123	沥青混凝土抗压模量	组	1 500	
124	沥青混凝土抗弯拉模量	组	1 800	
四、建筑石料试验项目				
125	含水率	样	150	
126	毛体积密度试验	块	80	
127	饱水率试验	块	100	
128	坚固性试验	样	600	
129	单轴抗压强度试验(干)	块	100	

续上表

序号	收费项目		计价单位	收费标准(元)	备　　注
130	间接抗拉强度试验(劈裂法)(饱水)		块	150	
131	间接抗拉强度试验(劈裂法)(干)		块	100	
132	抗折强度试验		块	100	
133	抗剪强度试验(干)		块	100	
134	抗剪强度试验(饱水)		块	150	
135	硬度		种	150	
136	抗压静弹性模量试验(干)		块	100	
137	抗压静弹性模量试验(饱水)		块	150	
138	石料钻孔取样试验		块	150	
139	试验锯起磨平试验		块	100	
140	单轴抗压强度试验(饱水)		块	150	
141	吸水率试验		块	100	
142	抗冻性试验	硫酸钠法 5 次	样	500	
143		直接冻融法 15 次	样	2 000	
144		直接冻融法 25 次	样	2 900	
145	磨耗		样	580	不含样品加工费
146	密度试验		样	400	
五、仪器、仪具、计量校正项目					
147	万能试验机校正		次	600	市内
148	万能试验机校正		次	1 200	市外
149	50 ~ 100 吨千斤顶校正		次	200	
150	5 ~ 40 吨千斤顶校正		次	150	
六、水泥试验项目					
151	比表面积试验		样	280	
152	水泥化学分析		项	450	
153	凝结时间		样	200	
154	安定性		样	200	
155	水泥胶砂强度检验		样	450	
156	重度		样	100	
157	相对密度试验		样	520	
158	标准稠度用水量		组	200	
159	细度		组	150	
七、细集料(砂、石屑、矿粉)试验项目					
160	砂饱和面干密度试验		组	400	
161	砂毛体积密度试验		组	300	

续上表

序号	收费项目	计价单位	收费标准(元)	备　注
162	砂吸水率试验	样	350	
163	砂当量试验	样	460	
164	砂云母含量试验	样	300	
165	砂中轻物质含量试验	样	350	
166	砂膨胀率试验	样	300	
167	砂三氧化硫含量试验(定性)	样	550	定量分析另加收 300 元
168	砂氯离子含量试验	样	550	
169	砂抗渗性能试验	样	300	
170	矿粉筛分试验(水洗法)	组	400	
171	矿粉密度试验	组	500	
172	矿粉亲水系数	组	550	
173	矿粉塑性指数试验	样	480	
174	矿粉加热安定性试验	样	400	
175	筛分试验(干筛法)	样	350	
176	筛分试验(水筛法)	样	500	
177	表观相对密度试验(视比重)	样	150	
178	堆积密度试验	样	100	
179	含水率	样	100	
180	含泥量	样	100	
181	机制砂或山砂压碎值	样	880	
182	砂坚固性试验	样	550	
183	砂有机质含量	样	260	
八、粗集料(碎石或卵石)试验项目				
184	集料掺配	个	200	
185	磨耗试验	样	550	
186	磨光值试验	样	1 400	
187	冲击值试验	样	550	
188	石料碱值试验	样	560	
189	有机物试验	样	300	
190	破碎砾石含量	样	400	
191	表观相对密度试验(视比重)	样	150	
192	含水率试验	样	100	
193	含泥量及泥土含量试验	样	180	
194	石料破碎	组	150	
195	筛分试验(干筛法)	样	250	

续上表

序号	收费项目		计价单位	收费标准(元)	备　注
196	筛分试验(水筛法)		样	450	
197	吸水率试验		样	200	
198	堆积密度、紧密密度		样	150	
199	空隙率		样	450	
200	针片状颗粒含量试验	规准仪法	样	500	
201		游标卡尺法	样	600	
202	压碎值		样	600	
203	坚固性试验		样	900	
204	软弱颗粒含量		样	600	
205	碱集料反应		样	1 100	
九、水泥混凝土试验项目					
206	标准养护		个/天	10	
207	混凝土拌和物坍落度试验		个	100	
208	混凝土拌和物稠度试验		个	150	
209	混凝土拌和物表观密度试验		样	200	
210	混凝土拌和物含气量试验		组	500	
211	混凝土拌和物凝结时间试验		样	600	
212	混凝土拌和物泌水试验		组	400	
213	路面混凝土取芯试验		个	750	
214	混凝土芯样抗压试验		个	200	含加工费
215	混凝土轴心抗压强度试验	15cm×15cm×30cm	个	40	
216	混凝土抗压弹性模量试验		个	300	
217	混凝土抗弯拉弹性模量试验		个	300	
218	混凝土劈裂抗拉强度试验		个	240	含加工费
219	混凝土抗弯拉试件断块测抗压强度试验		个	30	
220	外加剂减水率试验		样	500	
221	外加剂节省水泥用量试验		样	2 800	
222	混凝土抗冻性试验		组	5 800	
223	混凝土抗渗性试验		组	3 000	
224	混凝土干缩性试验		组	1 000	
225	混凝土耐磨性试验		组	2 000	
226	混凝土动弹性模量试验		组	1 000	
227	外加剂的钢筋锈蚀试验		组	600	

续上表

序号	收费项目		计价单位	收费标准(元)	备　　注
228	混凝土抗压强度试验	10cm×10cm×10cm	块	15	
229		15cm×15cm×15cm	块	20	
230		20cm×20cm×20cm	块	25	
231	混凝土空心砖抗压强度试验	29cm×19cm×19cm	块	30	
232	混凝土实心砖抗压强度试验		块	30	
233	混凝土抗弯拉强度试验	15cm×15cm×55cm	块	60	
234	普通混凝土抗折强度配合比设计		个	2 500	含相关试验
235	普通混凝土配合比设计(15cm×15cm×15cm)	C40 以下	个	1 200	掺和料每掺一种增收 50 元
236		C40～C60	个	2 000	
237		C60 以上	个	2 800	
238	外加剂混凝土配合设计	15cm×15cm×15cm	个	在普通混凝土相应配合比设计的基础上外加剂每掺一种增收 50 元	
239	抗冻混凝土配合比设计		个	在普通(外加剂)混凝土相应配合比设计的基础上加抗渗试验或抗冻试验费	
240	抗渗混凝土配合比设计		个		
十、建筑砂浆项目					
241	稠度		样	80	
242	重度		样	100	
243	试块抗压(7.07cm×7.07cm×7.07cm)		块	10	
244	砂浆配合比设计		个	1 000	加一种外加剂加 20% 的费用
245	砂浆分层度		项	350	
246	水泥浆稠度试验		项	120	
247	水泥浆泌水率和膨胀率试验		项	300	
248	水泥浆配合比设计		个	1 200	
十一、水质分析试验项目					
249	水质分析试验	总固体、溶解性固体	样	300	
250		pH 值	样	150	
251		总碱度	样	300	
252		硫酸根	样	300	
253		钙离子	样	300	
254		镁离子	样	300	
255		氯离子	样	300	
256		游离二氧化碳	样	300	
257		侵蚀性二氧化碳	样	300	
258		总硬度	样	300	

续上表

序号	收费项目		计价单位	收费标准(元)	备　注
十二、无机结合料稳定材料试验项目					
259	无侧限试件养生		个	50	
260	无机结合料配合比	细粒土	组	2 000	
261		中粒土	组	3 000	
262		粗粒土	组	3 900	
263	无机结合料稳定土制件		个	100	
264	无机结合料稳定土灰剂量标准曲线试验		条	2 000	
265	无机结合料稳定土灰剂量分析试验		样	300	
266	无机结合料稳定土的间接抗拉强度试验(劈裂试验)		组	2 400	
267	室内抗压回弹模量试验		组	2 400	
268	无侧限试件抗压强度		块	50	不含制件及养生
269	无机结合料稳定层集料分析试验		样	500	
270	无机结合料稳定层含水量试验		样	100	
271	无机结合料稳定土的击实试验		样	2 000	
十三、其他试验项目					
272	土工布		套	4 500	
273	土工格栅抗拉试验		项	600	
274	土工格栅断裂伸长率试验		项	300	
275	土工格栅阻燃性试验		项	300	
276	土工格栅耐腐蚀性试验		项	900	
277	土工格栅耐高低温性试验		项	1 500	
278	土工格栅纵向加热变化率试验		项	900	
279	预应力锚具效率系数		组件	3 000	每加 1 孔加 150 元
280	桥梁板式橡胶支座	抗压模量	组	3 000	
281		抗剪模量	组	3500	
282		抗压强度	种	1 000	
283		摩擦系数	种	1 000	

附件 2

公路工程现场检测收费项目及收费标准

序号	检测项目		规程	计价单位	单价(元)	备注
一、路基土石方及路面构造物检测						
1	路基、路面宽度		T0911－95	点	10	
2	平整度	3m 直尺	T0931－95	点	10	
3		八轮仪	T0932－95	100m	30	
4		激光仪	T0933－95	100m	45	
5	压实度	灌砂法	T0923－95	点	250	包括含水率测定
6		水袋法	T0923－95	点	500	
7		环刀法	T0923－95	点	180	
8	弯沉	贝克曼梁	T0951－95	点	20	不含弯沉车租赁及装卸费
9		自动弯沉仪	T0952－95	点	20	
10		落锤式	T0953－95	点	50	
11	渗水系数		T0971－95	点	100	
12	摩擦系数	摆式仪	T0964－95	点	20	
13		自动仪		km	150	
14	构造深度	铺砂法	T0961－95	点	25	
15		激光深度仪		点	25	
16	基层强度			点	250	
17	基层厚度		T0912－95	点	300	取芯
18	沥青路面厚度、压实度	取芯		点	400	
19		核子仪	T0924－95	点	400	
20	车辙	3m 直尺	T0931－95	点	10	
21		激光仪		km	100	
22	横坡度		T0911－95	点	10	
23	纵断高程		T0911－95	点	10	
24	中线平面偏位		T0911－95	点	10	
25	路基边坡		T0911－95	点	10	
26	几何尺寸(曲线半径、最大纵坡、坡长、最小视距)		T0911－95	km	2 800	
27	混凝土路面厚度	取芯法	T0912－95	点	800	
28		雷达法		km	500	
29	混凝土路面纵横缝顺直度		JTG F80/1—2004	条	10	
30	混凝土路面相邻板高差		JTG F80/1—2004	点	10	
31	路面破损		JTG F80/1—2004	km	300	
32	路基外观		JTG F80/1—2004	km	100	

续上表

序号	检测项目	规程	计价单位	单价(元)	备注
二、防护工程、排水工程检测					
33	尺寸	JTG F80/1—2004	处	30	
34	砂浆饱满度		处	30	
35	大面平整度		处	10	
36	厚度		处	10	
37	外观		处	30	
三、交通安全设施检测					
38	镀锌量(SBCT3)		项	250	
39	镀锌量(测厚仪)		项	70	
40	锌层均匀性		项	150	
41	锌附着性		项	250	
42	波形梁板基底金属厚度		处	10	
43	立柱壁厚度		处	10	
44	立柱埋入深度		根	50	破检
45	立柱外边缘距路肩边线距离		处	10	
46	立柱中距		处	20	
47	立柱竖直度		根	10	
48	横梁中心高度		处	8	
49	护栏顺直度		km	50	
50	隔离栅立柱高度		km	200	
51	波形护栏、隔离栅外观		km	100	
52	涂料密度		项	200	
53	涂料状态		项	200	
54	涂料软化点		项	200	
55	涂料抗压强度		项	400	
56	涂料色度性能		项	400	
57	涂料不粘胎干燥时间		项	200	
58	涂料耐水性		项	200	
59	涂料耐碱性		项	200	
60	涂料耐磨性		项	600	
61	涂料加热残留分		项	200	
62	涂料流动度		项	200	
63	标线外观		km	200	
64	标志净空高度		处	40	
65	基础尺寸		处	30	
66	反光膜等级		处	300	
67	标志外观		根	10	

续上表

<table>
<tr><td colspan="6">四、桥梁常规检测</td></tr>
<tr><td>序号</td><td>桥涵类型</td><td>桥梁长度</td><td>计价单位</td><td>单价(元)</td><td>备注</td></tr>
<tr><td>68</td><td>涵洞</td><td>—</td><td>道</td><td></td><td rowspan="7">收费标准由检测试验机构与委托方根据实际情况协商确定</td></tr>
<tr><td>69</td><td rowspan="6">简支梁桥</td><td>20m</td><td>座</td><td></td></tr>
<tr><td>70</td><td>50m</td><td>座</td><td></td></tr>
<tr><td>71</td><td>100m</td><td>座</td><td></td></tr>
<tr><td>72</td><td>300m</td><td>座</td><td></td></tr>
<tr><td>73</td><td>600m</td><td>座</td><td></td></tr>
<tr><td>74</td><td>1 000m</td><td>座</td><td></td></tr>
</table>

<table>
<tr><td colspan="7">五、桥梁外观检测</td></tr>
<tr><td>序号</td><td colspan="2">检测项目</td><td>规程</td><td>计价单位</td><td>单价(元)</td><td>备注</td></tr>
<tr><td>75</td><td colspan="2">特大桥</td><td rowspan="9">JTG F80/1—2004</td><td>座</td><td>3 000</td><td rowspan="8">不含支架搭架费</td></tr>
<tr><td>76</td><td colspan="2">大桥</td><td>座</td><td>2 400</td></tr>
<tr><td>77</td><td colspan="2">中桥</td><td>座</td><td>1 800</td></tr>
<tr><td>78</td><td colspan="2">小桥</td><td>座</td><td>1 200</td></tr>
<tr><td>79</td><td colspan="2">涵洞</td><td>道</td><td>300</td></tr>
<tr><td>80</td><td rowspan="3">裂缝检测</td><td>宽度</td><td>处</td><td>80</td></tr>
<tr><td>81</td><td>长度</td><td>处</td><td>40</td></tr>
<tr><td>82</td><td>深度</td><td>处</td><td>150</td></tr>
<tr><td>83</td><td colspan="2">桥梁立柱竖直度</td><td>根</td><td>50</td><td>经纬仪</td></tr>
</table>

<table>
<tr><td colspan="6">六、隧道检测</td></tr>
<tr><td>序号</td><td>检测方法</td><td>规程</td><td>计价单位</td><td>单价(元)</td><td>备注</td></tr>
<tr><td>84</td><td>常规检测</td><td rowspan="4">JTG F80/1—2004</td><td>m^2</td><td>3</td><td>常规检测内容包含衬砌大面平整度、总宽度、净空等检测项目,不含隧道衬砌质量雷达无损检测、抽芯检测等费用。单位面积是指隧道的宽度和长度之积</td></tr>
<tr><td>85</td><td>衬砌质量雷达无损检测</td><td>每测线延米</td><td>40</td><td>单位每测线延米是指实际检测线长的总和</td></tr>
<tr><td>86</td><td>衬砌质量抽芯检测</td><td>点</td><td>3 000</td><td>已含试验费。检测频率按规范或由委托单位与检测单位协商确定</td></tr>
<tr><td>87</td><td>隧道路面</td><td colspan="3">参照路面收费标准</td></tr>
</table>

续上表

七、桩基(非常规检测项目)

序号	检测方法			规程	计价单位	收费标准(元)		备注
88	声波透射法	2管		JTG F80/1—2004	根	3 750	桩基长度大于20m的,收费标准由双方协商	(1)声测管材及其预埋安装、桩头处理、试坑开挖、疏干排水由委托方负责;(2)收费标准已含区内检测人员差旅费、汽车台班费、交通费,不含现场配合人员费用、电源费以及辅助检测设施费用
89		3管				4 500		
90		4管				6 750		
91		5管				9 000		
92	反射波法	桩径(cm)	<80			3 000		
93			80~150			3 750		
94			>150			4 200		
95	大应变试					按工程实际双方协商确定		
96	桩钻孔抽芯法					按工程实际双方协商确定		
97	静载试验					按工程实际双方协商确定		

八、桥梁动、静载试验(非常规检测项目)

序号	结构类型		计价单位	单价(元)		备注
				静载	动载	
98	单梁试验		片			收费标准由检测试验机构与委托方根据工程实际双方协商确定
99	小型桥梁	简支结构(7.0m≤桥宽≤10.5m)	跨			
100		拱式结构(7.0m≤桥宽≤10.5m)	跨			
101	中型桥梁	简支结构(7.0m≤桥宽≤10.5m)	跨			
102		连续结构(7.0m≤桥宽≤10.5m)	跨			
103		拱式结构(7.0m≤桥宽≤10.5m)	跨			
104	大型桥梁	简支结构(7.0m≤桥宽≤10.5m)	跨			
105		连续结构(7.0m≤桥宽≤10.5m)	跨			
106		拱式结构(7.0m≤桥宽≤10.5m)	跨			
107	特大型桥梁	100m≤单跨<150m	跨			
108		150m≤单跨<200m	跨			
109		200m≤单跨	跨			
110	新型结构(包括悬索桥、斜拉桥、钢管混凝土系杆拱桥等)		按工程实际双方协商确定		静载收费×50%	

九、其他检测(非常规检测项目)

序号	检测项目	计价单位	单价(元)	备注
111	回弹模量测定(承载板法)	点	1 200	不包括检测车和辅助人员费用
112	混凝土保护层厚度	点	50	
113	混凝土超声波测缺	m^2	1 200	
114	钢筋位置测定	点	80	位置测定仪测定
115	混凝土探伤	点	60	探伤仪检测
116	回弹仪测定混凝土(砂浆)强度	测区	250	市内
117	回弹仪测定混凝土(砂浆)强度	测区	500	市外(含交通费)

附录6　西藏自治区物价局、地震局关于印发《西藏自治区地震安全性评价收费管理办法》的通知

藏价费[2003]57号

各地(市)物价局、地震局、自治区各有关单位:

根据《中华人民共和国防震减灾法》、《西藏自治区实施〈中华人民共和国防震减灾法〉办法》、《西藏自治区建设工程场地地震安全性评价管理暂行办法》(1999年区人民政府24号主席令)和国家财政部《关于发布地震安全性评价收费项目及标准的通知》([1992]价费字399号)精神,为加强地震安全性评价工作的管理,规范收费行为,结合西藏实际,制定《西藏自治区地震安全性评价收费管理办法》,现印发给你们,请遵照执行。

附件:西藏自治区地震安全性评价收费管理办法

西藏自治区物价局
西藏自治区地震局
二〇〇三年十月三日

附件

西藏自治区地震安全性评价收费管理办法

为加强地震安全性评价工作的管理，规范收费行为，根据《中华人民共和国防震减灾法》、《西藏自治区实施〈中华人民共和国防震减灾法〉办法》、《西藏自治区建设工程场地地震安全性评价管理暂行办法》（1999 年区人民政府 24 号主席令）及国家财政部、原国家物价局《关于发布地震安全性评价收费项目及标准的通知》（[1992]价费字 399 号）文件精神，特定本办法。

一、本办法适用于西藏自治区行政区域内，依照《西藏自治区建设工程场地地震安全性评价管理暂行办法》的规定应进行地震安全性评价的各类重大新建、扩建、改建建设项目和区域开发建设项目。

二、地震安全性评价收费项目范围：地震烈度复核、设计地动参数确定、场地地震危险性分析、地震小区划、场区及周围地震地质稳定性评价、场地活断层评价、建筑物抗震性能测试与鉴定、震害预测等。

三、地震安全性评价收费属经营服务性收费，收费应体现有偿服务、合理收费的原则。具体收费项目、收费标准详见附表。

四、根据中华人民共和国《工程场地地震安全性评价技术规范》（GB 17741—1999）国家标准的要求，地震安全性评价工作分三个等级。其工作成果必须经国家级地震安全性评定委员会或西藏自治区地震安全性评定委员会评审通过。

五、承担地震安全性评价的单位，必须持有国家或省级地震行政主管部门颁发的许可证书，并按证书级别及规定的资格范围开展地震安全性评价工作。从事地震安全性评价的各人，必须持有省级以上地震行政主管部门核发的上岗证书。

六、从事地震安全性评价工作的单位，应按规定到当地物价部门办理《收费许可证》，接受物价、地震、审计等行政主管部门的监督检查；凡只收费不提供技术服务或超出本办法规定范围和标准的收费行为，均属乱收费行为，由价格、地震行政主管部门依法查处。

七、本办法自发布之日起执行，过去与本办法相抵触的规定和标准同时废止。

附表

西藏自治区地震安全性评价项目收费标准表

一、区域地震活动性和地震构造分析

序号	名　　称	主要作业方法	收费标准(元)		
			一级工作	二级工作	三级工作
1-1	区域地震活动性分析	收集资料、编目、编图、计算、分析	13 000 ~ 15 000	6 000 ~ 8 000	4 000 ~ 6 000
1-2	区域地震构造调查与综合分析	收集资料、编图、野外调查、分析	50 000 ~ 55 000	15 000 ~ 18 000	10 000 ~ 12 000
1-3	地震区、带划分	综合分析、边界确定、分析编图	13 000 ~ 15 000	5 000 ~ 8 000	3 000 ~ 5 000
备注:不含地震构造调查所需进行的勘察和样品分析费用,区域范围超过 300 × 300(平方米)时比照增加收费					

二、近场场区地震活动性与地震构造分析

序号	名　　称	主要作业方法	收费标准(元)		
			一级工作	二级工作	三级工作
2-1	近场区地震活动性分析	编目、分析	7 000 ~ 8 000*	4 000 ~ 6 000*	2 000 ~ 4 000*
2-2	近场和场区地震构造综合分析	收集资料、野外勘察、编图、综合分析	35 000 ~ 40 000	25 000 ~ 30 000	13 000 ~ 16 000
2-3	场区断层位置确定及活动性鉴定	物探、化探、钻孔、样品测试	按有关工程勘察收费标准		
备注:1. 不含重要地震参数复核;2. * 近场区面积超过 50 × 50 平方公里、场区面积超过 2 平方公里时比照增加收费					

三、场地工程地震条件评价

序号	名　　称	主要作业方法	收费标准(元)		
			一级工作	二级工作	三级工作
3-1	场地勘察	现场作业	按有关工程勘察收费标准		
3-2	场地土动力性质测定	现场作业、室内试验	按有关工程勘察收费标准		
3-3	场地工程地震条件评价	分析计算、综合研究	12 000 ~ 15 000*	6 000 ~ 8 000*	4 000 ~ 6 000*
备注:* 场区面积超过 2 平方公里时比照增加收费					

四、地震烈度与地震动衰减关系分析

序号	名　　称	主要作业方法	收费标准(元)		
			一级工作	二级工作	三级工作
4-1	地震烈度衰减关系确定	搜集资料、分析计算	20 000 ~ 25 000	6 000 ~ 8 000	3 000 ~ 5 000
4-2	基岩地震动衰减关系确定	搜集资料、分析计算	25 000 ~ 35 000	8 000 ~ 10 000	4 000 ~ 6 000

五、地震危险性确定性分析

序号	名称	主要作业方法	收费标准(元)
			一级工作
5-1	地震构造法	野外调查、分析计算	40 000 ~ 60 000
5-2	历史地震法	资料搜集、分析计算	30 000 ~ 40 000
5-3	综合评价	分析计算、综合评价	12 000 ~ 15 000
备注:不含相关的勘察和样品分析费用			

六、地震危险性概率分析

序号	名称	主要作业方法	收费标准(元)		
			一级工作	二级工作	三级工作
6-1	潜在震源区划分	模型设计、综合分析	25 000 ~ 30 000	8 000 ~ 10 000	6 000 ~ 4 000
6-2	地震活动性	模拟计算、参数	12 000 ~ 15 000	8 000 ~ 10 000	6 000 ~ 8 000
6-3	地震危险性概率计算	模拟分析、概率计算	25 000 ~ 30 000	12 000 ~ 15 000	8 000 ~ 10 000
6-4	不确定性校正	经验估计、综合计算	10 000 ~ 12 000	5 000 ~ 8 000	3 000 ~ 5 000
6-5	综合评价	分析计算、综合评价	7 000 ~ 9 000	3 000 ~ 5 000	2 000 ~ 4 000

七、场地基岩地震动参数确定

序号	名称	主要作业方法	收费标准(元)		
			一级工作	二级工作	三级工作
7-1	基岩反应谱衰减关系确定	资料收集、衰减规律确定、计算分析	20 000 ~ 30 000	5 500 ~ 7 500	3 000 ~ 5 000
7-2	基岩目标反应谱	形状函数设计	15 000 ~ 18 000	5 500 ~ 7 500	4 000 ~ 6 000
7-3	基岩加速度时程	分析计算	5 000 ~ 7 000	3 000 ~ 5 000	2 000 ~ 4 000
备注:1. 基岩反应谱及形状函数确定以一个场点,水平向一个概率水准为计费单位;2. 基岩水平向加速度时程以一条为计费单位;3. 竖向地震动参数确定在此基础上增加20%					

八、场地设计地震动参数确定

序号	名称	主要作业方法	收费标准(元)		
			一级工作	二级工作	三级工作
8-1	计算模型及模型参数确定	软件调试、资料收集、计算分析	15 000 ~ 20 000	6 000 ~ 8 000	5 000 ~ 7 000
8-2	场地地震动效应分析	资料收集、分析计算	18 000 ~ 20 000	5 000 ~ 6 000	3 000 ~ 5 000
8-3	地震动参数与场地相关反应谱确定	计算分析	15 000 ~ 20 000	6 000 ~ 8 000	5 000 ~ 7 000
8-4	场地设计地震动参数确定	计算分析、综合评价	18 000 ~ 20 000	5 000 ~ 6 000	4 000 ~ 5 000
8-5	设计加速度时程	计算分析	5 000 ~ 7 000	4 000 ~ 5 000	2 000 ~ 3 000
备注:1. 平坦场地的地震动效应研究、地震动参数与场地相关反应谱确定及场地设计地震动参数确定以一个场点、水平方向、一个概率水准为计费单位;存在局部地形影响的非平坦场地及介质横向不均匀性较大场地,按3倍收费;2. 设计加速度时程以一条为计费单位;3. 大型桥梁、高层建筑等需在同一场点多个层位提供地震动的工程,收费根据工作量议定;4. 场地竖向地震动参数确定在此基础上增加20%					

九、地震小区划综合分析

序　　号	名　　称	主要作业方法	收费标准(元)
9-1	地震动小区划	综合分析、地震模拟计算分析、编图	15 000 ~ 20 000
9-2	地震地质灾害小区划	综合分析计算、编图	12 000 ~ 15 000
备注:以 50 平方公里为计费单位,不含基础工作			

十、地震地质灾害评价

序号	名　　称	主要作业方法	收费标准(元)		
			一级工作	二级工作	三级工作
10-1	地震地质灾害评估	现场调查、综合分析	15 000 ~ 20 000*	10 000 ~ 15 000*	6 000 ~ 10 000*
10-2	地震海啸影响评估	搜集资料、计算、综合分析	40 000 ~ 50 000	20 000 ~ 30 000	
10-3	地震海啸分析和计算	计算、综合分析	80 000 ~ 100 000	40 000 ~ 50 000	
备注:1. 地震地质灾害指可能因地震影响引起的湖涌、地裂缝、滑坡崩塌、砂土液化、软土震陷等;2. * 以一个场地、一种地震地质灾害为计费单位;3. 不含钻孔、物探、样品分析等基础工作					

十一、震害预测

序号	名　　称	主要作业方法	收费标准(元)
11-1	建筑物	搜集资料、现场调查、计算、综合分析	单位:1.5 元/平米,群体:0.5 米/平米
11-2	构筑物	搜集资料、现场调查、建模、计算、综合分析	根据工作范围,预测对象的难易程度及工作量议
11-3	生命线工程		
备注:不含地震危险性分析等基础工作			

十二、抗震性能鉴定

序号	名　　称	主要作业方法	收费标准(元)
12	建、构筑物	搜集资料、现场调查、测试、计算、综合分析	不进行现场测试的 5 000 元起价,2.0 元/平米;现场进行仪器测试的 10 000 元起价,2.5 元/平米

十三、辅助工作与评审

序号	名　　称	主要作业方法	收费标准(元)		
			一级工作	二级工作	三级工作
13-1	辅助工作	编写报告、清会图件、报告打印、复印、装订	25 000 ~ 30 000	15 000 ~ 20 000	15 000 ~ 10 000
13-2	工作成果评审	省级评审	20 000	15 000	10 000
		国家级评审(含省级评审)	30 000 ~ 40 000	30 000	
备注:评审费包括差旅费、会议费、专家评审费、资料费					

十四、其他

<table>
<tr><th>序号</th><th>名　称</th><th>主要作业方法</th><th colspan="2">收费标准(元)</th></tr>
<tr><td>14-1</td><td>四级工作地震烈度复核</td><td>收集资料、计算综合分析</td><td colspan="2">50 000 ~ 70 000</td></tr>
<tr><td>14-2</td><td>活动断裂鉴定</td><td>野外调查、钻孔勘察、样品测龄、综合分析</td><td colspan="2">视现场条件及采用的方法议定</td></tr>
<tr><td>14-3</td><td>场区 1/5 万地震构造填图</td><td>野外调查、综合分析、编图</td><td colspan="2">10 000 元/平方公里</td></tr>
<tr><td>14-4</td><td>精密磁测剖面</td><td>野外勘测、计算、综合分析</td><td colspan="2">测工程勘察设计收费标准 2002 年</td></tr>
<tr><td>14-5</td><td>精密磁测网</td><td>野外勘测、计算、综合分析</td><td colspan="2">4 000 元/子网(20 × 50 平方米)</td></tr>
<tr><td>14-6</td><td>断层气探测剖面</td><td>野外勘测、计算、综合分析</td><td colspan="2">测线长 3 公里时为 10 000 元</td></tr>
<tr><td>14-7</td><td>14C 测龄</td><td>室内测试</td><td colspan="2">700 元/个</td></tr>
<tr><td>14-8</td><td>热释光测龄</td><td>室内测试</td><td colspan="2">1 000 元/个</td></tr>
<tr><td>14-9</td><td>地质雷达探测</td><td>现场工作、计算、综合分析</td><td colspan="2">据工作内容议定</td></tr>
<tr><td rowspan="5">14-10</td><td rowspan="5">地质 CT 成像探测</td><td rowspan="5">现场工作、计算、综合分析</td><td>深度 0 ~ 20 米</td><td>17(元/条)</td></tr>
<tr><td>深度 20 ~ 33 米</td><td>21(元/条)</td></tr>
<tr><td>深度 33 ~ 50 米</td><td>27(元/条)</td></tr>
<tr><td>深度 50 ~ 80 米</td><td>35(元/条)</td></tr>
<tr><td>深度大于 80 米</td><td>双方协商</td></tr>
</table>

附录 7　关于规范我区环境影响咨询收费有关问题的通知

藏价费[2002]116 号

各地(市)物价局、环保局:

为规范建设项目环境影响咨询收费行为,维护委托方和咨询机构合法权益,提高建设项目环境影响咨询工作质量,促进建设项目环境影响咨询业的健康发展,依据《国家计委、国家环境保护总局关于规范环境影响咨询收费有关问题的通知》(计价格[2002]125 号),结合我区实际,现就环境影响咨询收费有关问题通知如下:

一、环境影响咨询是建设项目前期工作中的重要环节。环境影响咨询内容包括:编制环境影响报告书(含大纲)、环境影响报告表和对环境影响报告书(含大纲)、环境影响报告表进行技术评估。

二、建设项目环境影响咨询收费属于中介服务收费,应当遵循公开、平等、自愿、有偿的原则,委托方根据国家有关规定可自主选择有资质的环境影响评价机构开展环境影响评价工作,相应的环境影响评估机构负责对评价报告进行技术评估工作。

三、建设项目环境影响咨询收费实行政府指导价,从事环境影响咨询业务的机构应根据本通知规定收取费用。具体收费标准由环境影响评价和技术评估机构与委托方以本通知附件规定基准价为基础,在上下 20% 的幅度内协商确定。

四、环境影响咨询收费以估算投资额为计费基数,根据建设项目不同的性质和内容,采取按估算投资额分档定额方式计费。具体计算方法如下:

环境影响报告书(表)咨询收费基准价 = 收费标准值 × 行业调整系数 × 环境敏感程度调整系数 × 地区调整系数

收费标准值根据估算投资额在附件一的对应区间内用插入法计算,行业调整系数、敏感程度调整系数、地区调整系数按附件二的表 1、2、3 确定。

五、环境影响评价、技术评估机构从事建设项目环境影响评价、技术评估业务,必须符合国家及项目所在地的总体规划和功能区划,符合国家产业政策、环境标准和相关法律、法规规定。

六、编制环境评价大纲应符合以下服务质量标准:确定评价范围和敏感保护目标,选定评价标准,阐述工程特征和环境保护特征,识别和筛选污染因子、评价因子,设置评价专题,确定评价重点,选定监测项目、点位(断面)、频次和时段,确定预测评价模式和参数等。

编制环境影响报告书应符合以下服务质量标准:建设项目概况,周围环境现状,建设项目对环境可能造成影响的分析和预测,环境保护措施及其经济、技术论证,环境保护措施经济损益分析,对建设项目实施环境监测的建议和环境影响评价结论等。

编制环境影响报告表应符合以下服务质量标准:建设项目基本情况,建设项目所在地自然环境与社会环境简况，环境质量状况，评价使用标准，建设项目工程分析，项目主要污染物产生及预计排放情况，环境影响分析，建设项目拟采取的防治措施及预期治理效果，结论与建议。

七、评估建设项目环境影响评价大纲应符合以下服务质量标准：初步确认项目选址、选线的环境可行性是否正确，评价等级、评价范围、评价因子、评价方法和预测模式选用是否准确，敏感目标、监测布点、监测时间和频率选择是否合理，评价内容是否全面和评价重点是否突出等基本内容。

评估建设项目环境影响报告书应符合以下服务质量标准：源强和物料平衡是否准确，工艺是否符合清洁生产要求，环境影响预测参数选择是否合理和预测结果是否正确，污染防治、生态保护措施是否完善可行，经济指标是否适当，总量控制指标是否符合国家和地方要求，选址、选线环境可行性结论是否明确，评价结论是否可信，是否符合国家有关环境影响评价、评估技术导则、规范等。

评估建设项目环境影响报告表应符合以下服务质量标准：建设项目基本情况、所在地自然环境与社会环境状况是否阐述清楚，工艺是否符合清洁生产要求，环境影响分析是否合理，污染防治、生态保护措施是否完善可行，总量控制指标是否符合国家和地方要求，选址、选线环境可行性结论是否明确，评价结论是否可信，是否符合国家有关环境影响评价技术规范和《建设项目环境影响报告表》编制要求。

八、环境影响评价、技术评估机构应当按照合同约定向委托方提供符合国家相关规定的咨询服务；服务成果达不到合同约定的，应当负责完善，造成损失的，根据损失程度应将部分或全部服务费退还委托方。

九、委托方应遵守本通知规定和项目合同约定，为接受委托的环境影响评价、评估机构提供履约必须的工作条件和资料。因委托方原因造成咨询业务量增加或延期的，环境影响评价、评估机构可与委托方协商加收费用。建设项目环境影响咨询服务费用计入建设项目前期工作费。

十、委托方和环境影响咨询服务机构违反本通知规定的，由价格主管部门依据《中华人民共和国价格法》及有关法规予以处罚。

十一、本通知自二〇〇三年一月一日起执行。

附件一：西藏自治区环境影响咨询收费标准表

附件二：西藏自治区环境影响咨询收费标准调整系数表

二〇〇二年十二月

附件一：西藏自治区环境影响咨询收费标准表

单位:万元

估算总投资 / 咨询服务项目	0.2 以下	0.2～0.5	0.5～1.0	1.0～1.5	1.5～2.0	2.0～10	10 以上
编制环境影响报告书(含大纲)	6～8	8～10	10～13	13～15	15～20	20～50	50 以上
编制环境影响报告表	2～4	4～6	6～8	8～10	10～12		
评估环境影响报告书(含大纲)	0.5～1.2	1.2～1.5	1.5～2.0	2.0～2.5	2.5～3.0	3.0～5.0	5.0 以上
评估环境影响报告表	0.5	0.5～0.8	0.8～1.5	1.5～2.0	2.0～2.5	2.5～3.0	3.0 以上

注:1. 表中数字下限为不含,上限为包含。

2. 估算投资额为项目建议书或可行性研究报告中的估算投资额。

3. 咨询服务项目收费标准根据估算投资额在对应区间内用插入法计算。

4. 以本表收费标准为基础,按建设项目行业特点、所在区域的环境敏感程度和所在地区,乘以调整系数,确定咨询服务收费基准价,调整系数见附件二之表 1、2、3。

5. 评估环境影响报告书(含大纲)的费用不含专家参加审查会议的差旅费;环境影响评价大纲的技术评估费用占整个环境影响报告书评估费用的 40%。

6. 本表所列编制环境影响报告表收费标准为不设评价专题的基准价,每增加一个专题加收 50%。

7. 本表中费用不包括遥感、遥测、风洞试验、污染气象观测、示踪试验、地探、物探、卫星图片解读、需要动用船、飞机等的特殊监测等费用。

附件二：西藏自治区环境影响咨询收费标准调整系数表

表 1　环境影响报告书（表）编制收费行业调整系数

行　业	调整系数
水利、水电、交通、矿产、黄金、铁道、管线运输、区域、印染、城镇环境基础设施、建材	1.3
化工、冶金、有色、旅游、纺织、轻工、医药、食品、民航	1.2
林业、畜牧、渔业、农业、市政、烟草	1.1
邮电、广播电视、机械、电子、勘探、社会服务、火电	1.0
粮食、建筑、信息产业、仓储	0.8

表 2　环境影响报告书（表）编制收费环境敏感程度调整系数

环境敏感程度	调整系数
敏感	1.2
一般	1.0

表 3　环境影响报告书（表）编制收费地区调整系数

所在地区	调整系数
拉萨	1.0
林芝（不含墨脱县）、山南	1.1
那曲、日喀则	1.2
昌都	1.3
阿里	1.4
林芝地区墨脱县	1.5

附录8　西藏自治区重点公路建设项目管理暂行办法

第一章　总　　则

第一条　为不断规范我区重点公路建设项目管理，提高投资效益和管理水平，根据《中华人民共和国公路法》、《中华人民共和国招标投标法》、《公路建设市场管理办法》、《西藏自治区公路条例》，结合西藏实际制定本办法。

第二条　本办法适用于西藏自治区内国道、省道、通县（县际）油路、边防公路、口岸公路以及由自治区交通厅确定的其他重点公路建设项目。

第三条　凡参与西藏自治区重点公路建设的从业单位及从业人员均应遵守本办法。

第四条　重点公路建设项目管理严格执行项目法人制、招投标制、工程监理制、合同管理制四项制度。

第二章　公路建设项目实行项目法人负责制

第五条　公路建设项目依法实行项目法人负责制。项目法人可自行管理公路建设项目，也可委托经批准具备法人资格的项目管理代建单位进行项目管理。

项目法人或者其委托的项目管理代建单位的组织机构、主要负责人的技术和管理能力应当满足拟建项目的工程建设技术管理需要，并符合国务院交通运输主管部门有关规定的要求。

第六条　项目法人应当在工程可行性研究报告批准后，初步设计批准前，按规定报自治区交通运输主管部门审批。国道主干线项目和列为国家、交通运输部重点公路建设项目的，其审批结果应报交通运输部备案。

第七条　项目法人对项目施工图设计审查和报批、招投标、建设实施、资产管理和移交、交工验收、审计或财政评审、各专项验收和竣工验收申请、缺陷责任期和保修期内的维护等实行全过程负责。

第八条　项目法人应按项目的工程规模和技术要求派驻现场项目管理机构（以下简称“项目办”），项目办具体负责项目实施阶段的质量、进度、资金、合同以及安全、环保、保通、协调、劳务用工等现场组织管理工作。

第九条　项目法人必须严格执行国家规定的基本建设程序，不得违反或者擅自简化基本建设程序。

第三章　项目前期工作

第十条　建立勘察设计质量问责制、设计后续服务责任制和勘察设计费用分阶段支付制，各阶段费用支付按照合同约定执行；设计后续服务费和设计质量保证金均为项目勘察设计费总额的5%；咨询审查单位的质量保证金为其合同总额的10%。

第十一条 项目立项阶段，包括建设方案研究、项目建议书（预可研）、可研等工作安排和该阶段的咨询委托、合同管理、监督、审查、立项报批工作，由自治区交通厅计划财务处负责。投资估算应计列环评、水保、安评、灾评、林地使用、土地预审、压覆矿床、咨询等专项费用，其专项评价的委托编制和报审工作纳入本阶段一并实施和管理。

第十二条 项目初步设计阶段，包括项目初勘、初步设计工作安排和该阶段的咨询（或设计监理）委托、合同管理、监督、审查、初步设计报批工作，由自治区交通厅建设处负责。

第十三条 项目施工图设计阶段，包括项目详勘、技术设计、施工图设计工作安排和该阶段的咨询（或设计监理）委托、合同管理、监督、审查、施工图（技术）设计报批，由项目法人负责。项目法人应当按照项目管理隶属关系将施工图设计文件报交通运输主管部门审批。

第十四条 公路建设项目依法实行施工许可制度。国家和国务院交通运输主管部门确定的重点公路建设项目的施工许可按照《公路建设市场管理办法》的规定，由国务院交通运输主管部门实施，其他重点公路建设项目的施工许可由自治区交通运输主管部门实施。

第十五条 项目具备《公路建设市场管理办法》规定的施工条件后，项目法人应当及时向相关的交通运输主管部门提交施工许可申请材料。交通运输主管部门自收到完整齐备的申请材料之日起20日内作出行政许可决定。予以许可的，应当将许可决定及时通知申请人；不予许可的，应当书面通知申请人并说明理由。

第四章 招标投标工作

第十六条 重点公路建设招投标工作严格遵循公平、公正、公开、诚信原则，切实维护招投标活动各方当事人的合法权益。

第十七条 重点公路建设项目的工程勘察设计、监理、施工企业必须依法通过招标确定，具体按工作阶段管理职责组织和实施，初步设计、技术设计和施工图设计可一并进行。

第十八条 招标采用公开招标和邀请招标两种方式。对符合《公路工程勘察设计招标投标管理办法》有关条件的公路建设项目，经交通运输部或自治区人民政府批准后，可以不进行勘察设计招标。

第十九条 实行公开招标的项目，在工程可行性研究报告批复后可发布资格预审公告，进行资格预审；实行邀请招标的项目可实行资格后审。招标项目在初步设计批复、招标文件核备期满、施工图设计完成后，可以出售招标文件和按有关规定程序进行开标、评标、定标工作。

第二十条 国务院发展改革部门确定的国家重点项目和自治区人民政府确定的地方重点项目不宜公开招标的，经国务院发展改革部门或自治区人民政府批准，可进行邀请招标。

第二十一条 资格预审文件和招标文件的发售时间不得少于5个工作日。

第二十二条 禁止多家投标人授权同一代理人投标和关联企业同投一个标段，禁止出借资质投标和投标人围标、串标等不正当竞争行为。

第二十三条　招投标工作与从业单位及其主要从业人员的信用评价挂钩。严格执行《西藏自治区公路建设市场信用评价管理暂行办法》、《西藏自治区公路施工企业信用评价实施细则》和“黑名单”制度，建立健全激励约束机制。

第五章　建设过程管理

第一节　投资控制

第二十四条　优化设计管理。参建单位和人员均有提出优化设计方案的权利和义务。

（一）优化设计的提出必须有利于节约投资，保证工程质量、结构安全和安全生产，加快建设进度，保护生态环境，维护社会稳定，应明确阐述优化设计的理由、内容、工程量变化和节约资金等情况。

（二）项目办收到优化设计建议后，应及时会同相关部门和单位进行初审，初审通过后按照审批权限报批，优化设计方案合理可行且效益显著的由项目法人按有关规定给予奖励。

第二十五条　计量支付

（一）工程计量

按施工企业上报→监理工程师审核签认→项目法人审批的工作程序办理，实行监理工程师现场逐一核查、项目法人抽查、按实计量原则。施工企业按合同约定将计量支付报表一式六份和《分项工程开工申请批复单》、《中间交工证书》、《工程变更令》等必需的资料按期报监理工程师，监理工程师按规定在7日内对施工企业的计量资料进行审核后报项目法人，项目法人在7日内完成审批。对计量资料不完整、工程质量未评定或评定不合格的分项工程不得计量。

（二）工程款分阶段支付

开工预付款支付：施工企业按合同约定提交开工预付款申请，总监理工程师应在14日内签发开工预付款支付证书并报项目法人，项目法人应在14日内完成审批，并按合同约定方式扣回开工预付款。

材料预付款支付：按照合同要求和监理工程师现场核实的进场主要材料（水泥、钢筋、沥青、碎石等）单据所列费用的70%支付。施工企业按合同约定提交材料预付款申请，总监理工程师在14日内签发材料预付款支付证书并报项目法人，项目法人在7日内完成审批手续，并按合同约定方式扣回材料预付款。

中期月报支付：监理工程师应对施工企业提交的支付申请进行审核，审核无误后签发支付证书，并报项目法人审批。

最终支付证书：施工企业在获得缺陷责任终止证书的28日内向监理工程师提交最终支付申请，监理工程师在收到施工企业的最终支付申请的42日内完成下述审定工作：确认最终支付申请报告的格式和内容符合合同规定；确认施工企业的结算清单与项目法人的财务清单一致；确认所有证明资料均有监理工程师签字；确认所有的计量与支付均无遗漏，计算准确、无误。审核程序完成后，由项目法人签发最终支付证书。施工企业可凭最终支付证书，在递交之日起42天内获得最终工程结算支付。

第二十六条 设计变更管理

设计变更应严格按照现行《西藏自治区实施〈公路工程设计变更管理办法〉细则》的程序和要求执行。

第二节 质量控制

第二十七条 质量控制严格执行国家、自治区及其交通运输主管部门有关质量管理的法律、法规以及强制性技术标准、规范。

第二十八条 全面执行“政府监督、法人管理、社会监理、企业自检”四级质量保证体系。交通运输主管部门及其所属的质量监督机构对工程质量负监督责任；项目法人对工程质量负管理责任；勘察设计单位对勘察设计质量负责；施工企业对施工质量负责；监理单位对工程质量负现场管理责任；试验检测单位对试验检测结果负责；其他从业单位和从业人员按照有关规定对其产品或者服务质量负相应责任。

第二十九条 项目法人在完成开工前各项准备工作后，应当在办理施工许可前30日，按照交通运输部的有关规定向质量监督机构提出监督申请，填报《公路工程质量监督申请书》，并提交相关资料。质量监督机构自收到质量监督申请资料之日起20日内，对符合基本建设程序的公路工程项目，出具质量监督通知书，并安排工程质量监督负责人。对不符合基本建设程序的项目，书面通知申请人不予受理质量监督申请并告知其原因，同时向本级交通运输主管部门报告。交通运输主管部门应当依据有关规定责令项目法人完善基本建设程序。基本建设程序完善后，项目法人应当重新提出工程质量监督申请。

第三十条 质量控制关键环节

（一）质量保证体系。项目法人督促、检查施工、监理单位健全、完善质量保障体系和措施。施工企业应贯彻落实“自检自控，预防为主”的质量保证措施，健全自检体系，对施工全过程进行有效的质量控制和管理；监理单位应按照项目法人批准的《监理计划》对施工全过程进行监控和管理，行使质量否决权。

（二）质量控制重点。项目管理应严把九关：从业人员、材料、设备入场关，施工放样后设计图纸现场复核关（施工开挖后可能引发新的地质病害的高危边坡、老路基大量挖除等），关键工序（艺）控制关（加宽路基和半填半挖路基的台阶法分层压实、结构物的基础埋置深度与基底承载力、防护工程的砌筑质量、三背回填的分层压实、路面工程与混凝土工程的材料级配、混凝土工程的光洁度和沥青路面平整度等），试验检测关，质量评定关，工程资料关，交工验收关，质量缺陷限期修复关，竣工验收关。

（三）对非常规试验项目如桥梁橡胶支座、钢绞线、锚具、混凝土外加剂等特殊材料，交通工程材料及机电工程材料等需对外委托试验的，可在监理工程师见证下由施工企业送检，试验数据双方共享。

（四）交通运输主管部门和质量监督机构对工程实体质量进行现场监督检查时，应重点检查质量薄弱环节和涉及结构强度、稳定性的重要指标。检查中发现的问题，应及时书面通报有关单位。对一般质量问题和缺陷，责令限期整改；对不合格工程，责令限期返修；

对违法的质量行为依法予以纠正。存在问题的单位应当按要求进行整改、返修，并提交整改报告。

第三十一条　严格执行质量事故处理程序。公路建设项目发生工程质量事故，项目法人应按程序、有关规定及项目管理权限向交通运输主管部门报告，同时报该项目质量监督机构。事故发生单位和该工程的项目法人、施工、监理等单位，应严格保护事故现场，采取有效措施抢救人员和财产，防止事故扩大。工程质量事故的调查处理按照国家和自治区有关规定办理。

第三节　进度控制

第三十二条　工程进度控制应在确保质量和安全的基础上，以计划控制为主线进行。监理工程师应要求施工企业按时提交进度计划，严格审批，及时收集、整理、分析进度信息，发现问题及时调整。

第三十三条　合理编制施工组织设计，确保工程进度和合同工期。应重点做好计划、实施、调整三个阶段的施工组织设计。

（一）计划阶段。施工企业应当编制总体施工组织设计，并细化到年计划、季计划、月计划，计划必须严密、可行，影响施工的因素必须充分考虑。总体施工组织设计和年计划必须报总监理工程师批准，项目法人核备后方可实施。

（二）实施阶段。监理工程师应根据进度计划检查工程实际进度，并通过实际进度与计划进度的比较，对每月的工程进度进行分析和评价。评价结论写入工程监理月报。

（三）调整阶段。实施过程中进度滞后或施工条件变化的，应及时对计划进行调整，并报监理工程师备案。调整的总体施工组织设计和年计划需经总监理工程师批准，项目法人核备后方可实施。

第三十四条　非施工企业原因影响工程进度的，施工企业有权要求合理延长工期。

第四节　合同管理

第三十五条　项目法人应当依据《中华人民共和国合同法》和招投标结果，与工程施工、监理、材料设备供应等单位签订书面合同，明确各方的权利和义务。

第三十六条　合同双方应信守合同，认真履行合同约定的权利和义务。现场主要管理人员应熟悉合同条款，并严格执行。

（一）施工企业可以将非关键性工程或者适合专业化队伍施工的分部工程分包给具有相应资质的单位，并对分包工程负连带责任。

允许分包的工程范围应当在招标文件中规定，分包的工程不得超过总工程量的30%。分包工程不得再次分包，严禁工程转包。任何单位和个人不得违反规定指定分包、指定采购或者分割工程。

（二）项目法人和监理单位应当加强对施工企业工程、劳务分包的管理，工程、劳务分包计划和所有分包协议须报监理工程师审查，并报项目法人批准。

第五节　安全生产管理

第三十七条　参建单位应牢固树立“安全第一、预防为主、综合治理”的思想，严格执行国家安全生产的法律法规和《公路工程施工安全技术规程》，按照“政府统一领导、部门依法监管、企业全面负责、群众参与监督、全社会广泛支持”的要求，坚持“管生产必须管安全”的原则，严格按照工程承包合同中的有关安全要求做好安全生产管理工作，依法承担安全生产责任。

第三十八条 重要的安全设施必须坚持与主体工程“三同时”的原则，同时设计、同时施工、同时投入使用。安全设施投资应当纳入建设项目概算。

第三十九条 项目法人不得对勘察设计、施工、监理等单位提出不符合建设工程安全生产法律、法规和强制性标准规定的要求，施工企业不得购买、租赁、使用不符合安全施工要求的安全防护用具、机械设备及配件。

第四十条 设计单位应当按照法律、法规和工程建设强制性标准进行设计，防止因设计不合理导致生产安全事故的发生。

设计单位应当考虑施工安全操作和防护的需要，对涉及施工安全的重点部位和环节在设计文件中明示，并对防范生产安全事故提出指导意见。

第四十一条 监理单位应当审查施工组织设计中的安全技术措施或者专项施工方案是否符合工程建设强制性标准。

监理单位在实施监理过程中，发现存在安全事故隐患的，应当要求施工企业限期整改；问题严重的，应当要求施工企业停工整顿，并及时报告项目法人。施工企业拒不整改或者拒绝停工整顿的，项目法人应当及时向有关主管部门报告。

第四十二条 施工企业主要负责人依法对本单位的安全生产工作全面负责。施工企业应当建立健全安全生产责任制度和安全生产教育培训制度，制定安全生产规章制度和操作规程，保证本单位安全生产所需资金的投入，对所承担的建设工程进行定期和专项安全检查，并做好安全检查记录。

施工企业的项目经理应当取得相应执业资格，对建设工程项目的安全施工负责。要认真落实安全生产责任制度，严格执行规章制度和操作规程，确保安全生产费用的有效使用，并根据工程的特点组织制定安全施工措施，消除安全事故隐患，及时、如实报告生产安全事故。

第四十三条 施工企业应按国家规定建立健全安全管理机构和配备专职安全员，相关主要人员必须经过专门培训并取得相关证书。专职安全员负责对施工现场进行监督检查，按施工人员的1% ~3%配备，且不得低于2人。发现安全事故隐患，应及时向项目经理和安全生产管理机构报告；对违章指挥、违章操作的，应当立即制止。

第四十四条 施工企业应严格炸药、雷管、燃油等易燃易爆物品的管理。

第四十五条 施工企业应按照工程项目特点，组织制定工程实施中的生产安全事故应急救援预案。如果发生安全事故，应按照《国务院关于特大安全事故行政责任追究的规定》等有关要求，及时上报有关部门，严禁瞒报、漏报、不报、迟报。坚持“事故原因不查清不放过、事故责任人得不到处理不放过、整改措施不落实不放过、教训不吸取不放过”“四不放过”原则，严肃处理相关责任人。如因报告不及时而延误对事故的抢救工作而导致更大损失的，将从重处理。

第四十六条 质量监督机构对各参建单位安全生产管理情况不定期进行全面检查,发现问题的,应及时下发限期整改通知书。

第六节 劳务用工管理

第四十七条 重点公路建设项目劳务用工管理实行用工单位负责制,谁用工谁管理,谁用工谁负责。

施工企业不得将工程违反规定发包、分包给不具备用工主体资格的组织或个人,否则应承担清偿拖欠民工工资的连带责任。

施工企业及其工程分包企业因被拖欠工程款导致拖欠民工工资的,企业追回的被拖欠工程款,应优先用于支付拖欠的民工工资。

第四十八条 施工企业及其工程、劳务分包单位为民工用工管理第一责任人和具体落实单位,其主要职责是:

(一)根据工程建设需要,制订详细的民工用工计划。

(二)建立劳务用工管理机构,配备与本项目民工用工规模相适应的管理人员,落实责任到人。

(三)依法与民工签订劳务合同。

(四)规范民工用工管理,建立民工档案。区内民工由施工企业与相关县、乡(镇)政府协商后,由当地政府或当地政府确认的劳务输出组织统一组织、统一管理、统一支付结算;区外民工由施工企业自行组织。所有民工均应登记造册,实行动态管理,并分别报项目办和当地县级人民政府劳动行政主管部门备案。

民工档案应含有《劳务合同书》、工资支付原始凭证以及能够直接证明民工领取工资的相关资料等主要内容。民工档案应保存至工程竣工验收通过之日止。

(五)负责民工的岗前培训。对民工进行职业技能(工艺要求和质量标准)、安全生产和劳动保护、环境保护等教育培训。对从事特定高风险作业的民工要进行专门培训,并持证上岗。

(六)规范驻地建设,保障施工现场的民工日常生活和安全卫生权益。

(七)负责将民工工资直接发放到民工本人,并留存明晰合法的证据。严禁发放给"包工头"或其他不具备用工主体资格的组织和个人;施工总包企业应对工程、劳务分包企业民工工资支付进行监督,督促其依法按合约支付民工工资。

(八)工程休工和交工验收前必须完成民工工资结算工作,并进行公示。施工企业项目经理、财务人员应在结清民工工资后方可撤离工地。

(九)为其雇用的民工购买工伤保险或特定高风险作业意外伤害保险。

(十)负责及时解决拖欠民工工资问题。

第四十九条 施工企业必须按月或按照合同约定的支付时间、标准和方式及时足额支付民工工资,不得拖欠和克扣。

第五十条 《劳务合同书》应明确民工工资支付办法。支付办法应包括支付项目、支付标准、支付方式、支付周期、特殊情况下的工资支付以及其他工资支付等内容。

第五十一条 施工企业应编制民工工资支付表,如实记录支付对象、支付数额、支付时间以及支付的工资所涵盖的工作内容、工作地点和完成的实物工作量等必要信息。

第五十二条 施工企业与民工在签订劳务合同时,必须明确因施工企业的原因或自然原因或农民工自身的原因等不同情况下民工待工时的误工补贴标准。

第五十三条 施工企业与民工发生劳务纠纷时,应先行协商解决;不愿协商或协商不成的,可向项目法人申请调解;调解无效的,可向有管辖权的劳动争议仲裁部门申请仲裁;对仲裁结果不服的,可依法向有管辖权的人民法院提起诉讼。

第五十四条 施工企业损害民工权益的,民工可向项目法人或其上级管理部门上访、举报和申诉。民工上访时,应通过正当渠道如实反映情况或诉求,不得越级上访、缠访、无理取闹或在公共场所聚众滋事。举报问题的,应实事求是,并署实名。

第五十五条 施工企业发生拖欠和克扣民工工资问题,造成不良社会影响或严重后果的,列入我区公路工程建设市场"黑名单",由交通运输行政主管部门依法对其参与公路工程建设的市场准入、招投标资格等进行限制,并通告相关部门,同时上报交通运输部建议列入全国公路工程建设"不诚信企业"名单。

第五十六条 项目法人负责本项目劳务用工的监督管理工作,其主要职责是:

(一)贯彻落实劳务用工管理法规、规章制度,执行劳务用工管理规定。

(二)明确劳务用工管理的机构和人员,专人负责,落实责任。

(三)督促施工企业和工程、劳务分包单位与民工依法签订劳务合同。

(四)监督检查施工企业和工程、劳务分包单位按时支付民工工资的情况。

(五)监督检查和督促施工企业和工程、劳务分包单位及时解决拖欠民工工资的问题。

(六)负责公示工程计量款支付情况。每期工程计量款支付后10日内,应在项目办、施工企业项目经理部和民工驻地将各施工企业计量支付的情况予以公示。

(七)负责执行民工工资保证金制度,实行专户储存,专人监管。签订施工合同时,按工程中标价的1%向施工企业收取民工工资保证金。施工企业发生拖欠的,由项目法人从该单位的民工工资保证金中直接支付所拖欠金额,并从该单位下期工程计量支付款中扣减相应部分,补足保证金。工程通过交工验收后60日内,无民工工资拖欠投诉的,全额退还。交工验收后发生拖欠的,由项目法人从该单位民工工资保证金中直接支付所拖欠金额,余额退还。

第七节 环保、水保、保通

第五十七条 公路建设项目应在初步设计和施工图设计中落实已批复的环境影响报告书、水土保持报告书中的有关内容。初步设计中应按照环境保护设计规范的要求,编制环境保护篇章,并依据经批准的建设项目环境影响报告书,在环境保护篇章中落实防止环境污染和生态破坏的措施以及环境保护设施投资概算。

第五十八条 公路建设项目需要配套建设的环境保护设施和水土保持设施,必须与主体工程同时设计、同时施工、同时投产使用。项目法人在工程完工后,应按照有关规定及时申请开展环境保护设施和水土保持设施专项验收。

第五十九条 注重生态环境保护,施工过程中尽可能减少对原生植被破坏,尽量选择设计取弃土场，合理规划取弃土方案，固定运料路线。施工结束后，应对施工破坏的植被进行恢复，及时清理、平整施工营地、便桥便道和取弃土场。

第六十条　不得乱弃乱挖，施工中产生的各类弃土弃渣应加强调配，严禁侵占河道、湖泊、湿地，严禁占用高寒植被发育的草地资源。

第六十一条　施工便道便桥、施工营地、施工场地及取弃土场必须充分考虑保护生态环境，应按设计要求布设，不得随意扩大范围，认真落实好环保措施，避免环境污染。凡需变更的必须报请当地环保部门批准后方可使用。

第六十二条　在主体工程开工前，由项目法人组织监理、施工企业认真核查保通工程的施工质量、完善程度、其他保通设备和抢险保通措施的落实情况，在上述条件满足后，主体工程方可开工。

第六十三条　施工企业应随时检查保通便道、便桥及其他保通设备的使用情况，加强日常维修养护，及早排除断通隐患，使保通便道、便桥等全天候保持良好的行车条件。常备抢险保通设备、工具等，及时处理有关陷车、阻车、断通事故。

第六十四条　施工企业应制订切实可行的冬季停工和交工前的养护保通措施，落实责任，配备专职人员和设备。对桥涵基坑开挖后未及时施工的必须予以回填，有安全隐患的路段必须设置临时醒目的指示标志；保通人员要随时巡查，及时处理安全隐患，加强日常维修养护，保证道路畅通和车辆、行人的安全通行。施工企业的保通工作可自行安排人员落实，也可与当地的公路养管部门协商，委托其养护保通。

第六章　建设项目资金管理

第六十五条　本章所称建设项目资金是指纳入国家和地方政府基本建设投资计划，用于我区公路建设项目的财政性资金和其他资金。

财政性资金包括财政预算内基本建设资金、交通专项资金、纳入财政预算管理的政府性基金、其他经国家和省级人民政府批准征收并用于公路建设项目的预算外资金和其他非税收入资金等。

第六十六条　公路建设项目资金的监管实行统一领导，分级管理。

自治区交通运输主管部门负责全区公路建设项目资金的监督管理工作；厅重点公路建设项目管理中心、县级以上地方人民政府交通运输主管部门、代建制项目管理单位主管本单位负责的公路建设项目资金监督管理工作。公路建设项目法人的内部职能部门按其职责分工实施全过程的监督管理工作。

第六十七条　公路建设资金监督管理应遵循五项基本原则。即：专款专用原则；全过程监督控制原则；分级负责、分级监督管理原则；依法实施财务管理、组织会计核算原则；效益优先原则。

第六十八条　公路建设项目法人单位应要求施工企业统一在指定银行开户，并由项目法人、施工企业、开户银行三家签订《工程资金银行监管协议书》，建立资金管理约束机制，并由项目法人定期或不定期对协议执行情况进行检查。

第六十九条　各级交通运输主管部门对公路建设项目资金监督管理的主要职责：

（一）贯彻执行国家有关基本建设的法律法规，制定公路建设项目资金管理制度；

（二）按规定审核、汇总、编报、批复年度公路建设项目支出预算、年度财务决算和竣工财务决算；

（三）合理安排资金，及时调度、拨付和使用公路建设项目资金；

（四）监督管理建设项目工程概预算、年度投资计划安排与调整、财务决算；

（五）监督检查公路建设项目资金筹集、使用和管理，对重大问题提出意见报上级交通运输主管部门；

（六）收集、汇总、报送公路建设项目资金管理信息，审查、编报公路建设项目投资效益分析报告；

（七）督促公路建设项目法人及时编报工程财务决算，做好竣工验收准备工作；

（八）督促公路建设项目法人及时按规定办理财产移交手续，规范资产管理。

第七十条 公路建设项目法人对公路建设项目资金监督管理的主要职责：

（一）贯彻执行国家有关基本建设法律法规和公路建设项目资金管理制度，制定适应本单位的《公路建设项目资金管理制度实施细则》；

（二）按规定编报、审核年度公路建设项目支出预算、年度财务决算和竣工财务决算，并按规定程序报批；

（三）按规定合理筹集和使用公路建设项目资金；

（四）按规定对设计单位编制的公路建设项目工程概预算实行监督管理，编制年度投资计划与调整并按规定程序报批；

（五）签订《工程资金监管协议书》，建立工程资金管理约束机制；

（六）监督检查公路建设项目的资金使用和管理，及时纠正问题，对重大问题提出意见上报交通运输主管部门；

（七）收集、汇总、报送公路建设项目资金管理信息，审查、编报公路建设项目投资效益分析报告；

（八）及时编报工程竣工决算，做好竣工验收准备工作；

（九）按规定及时办理财产移交手续，规范资产管理。

第七十一条 参建单位对公路建设项目资金管理的主要职责：

（一）各参建单位必须按照《交通基本建设资金监督管理办法》（交财发［2000］195号）的要求使用建设项目资金，保证建设资金安全、合理、有效使用。

（二）施工企业应严格履行《工程资金银行监管协议书》。

（三）使用项目建设资金的各参建单位按规定专户存储，专款专用，按项目单独建账，独立核算；加强财务管理，建立完善的财务核算体系和内部控制制度。施工企业应严格执行《施工企业会计制度和成本管理条例》，必须设立相应岗位，配备取得从业资格证的专职会计人员。

（四）使用项目建设资金的各参建单位应按招标文件要求备足必要的流动资金，合理使用资金，确保工程建设顺利进行，不得以任何名义挪用、转移用于本工程的建设资金，不得以任何形式用项目建设资金进行担保。

（五）使用项目建设资金的各参建单位违反《工程资金银行监管协议书》约定的，项目法人有权停止拨付工程款，并要求限期改正，同时，开户银行有权拒绝受理其收支业务。

第七十二条　公路建设项目资金监督管理的主要内容：

（一）是否严格执行建设资金专款专用、专户存储、不准挤占挪用等有关管理规定；

（二）是否严格执行概预算管理规定，有无将建设资金用于计划外工程；

（三）资金来源是否符合国家有关规定，配套资金是否落实并及时到位；

（四）是否按合同规定拨付工程进度款，有无高估冒算、虚报冒领情况，工程预备费使用是否符合有关规定；

（五）是否在控制额度内按规定使用建设单位管理费，按规定比例预留工程质量保证金，有无非法扩大建设成本的问题；

（六）是否按规定编制项目竣工财务决算，办理财产移交手续，形成的资产是否及时登记入账管理；

（七）财会部门是否建立健全，并配备与项目投资规模相适应的财会人员。各项原始记录、统计台账、凭证账册、会计核算、财务报告、内部控制制度等基础性工作是否健全、规范。

第七十三条　公路建设项目资金监督检查：

（一）交通运输主管部门和公路建设项目法人应当建立公路建设项目资金监督检查制度，明确审计部门为监督检查部门，未设置审计部门的应指定相应的部门，按照本规定第六十九条至七十一条的职责进行全过程的监督，包括资金管理制度是否建立健全，相关管理制度是否得到有效执行。

（二）对监督检查过程中发现的公路建设项目资金管理中存在的问题，有关单位应当及时采取措施，限期纠正和完善；对薄弱环节应当通过完善相关制度，及时规范和管理。

（三）交通运输主管部门发现所属单位或其他使用公路建设资金单位存在违反基本建设程序，擅自改变项目建设内容，项目用款突破批复概算，挤占、挪用、截留建设资金等行为，可采取暂缓或停止资金拨付等方式督促相关单位予以纠正。

（四）交通运输主管部门发现所属单位或其他使用公路建设资金单位存在财会部门不健全，会计核算不规范，财务管理混乱，不按规定向上级部门报送用款计划、会计报表等有关资料等行为，可要求有关单位建立健全相关的内部会计控制制度，并通过停止支付公路建设资金等方式责成限期纠正。

（五）各级交通运输主管部门和公路建设项目法人的财会人员，应按照国家法律法规和有关规章制度，认真履行职责，实施会计监督。对不符合公路建设资金管理和使用规定的会计事项，财会人员有权自行处理的，应当及时处理；无权处理的，应当立即向单位负责人报告，请求查明原因，作出处理。

（六）各级交通运输主管部门和公路建设项目法人对在监督、管理和使用公路建设资金工作中取得突出成绩的单位和个人，应给予精神或物质奖励。对违反有关规定的要追究其责任，并给予相应的处罚。

（七）交通运输主管部门发现所属单位或其他使用公路建设资金单位有违反国家法

律法规和财经纪律的行为,应及时建议有权单位依法追究有关单位及其责任人的责任。

第七章　竣(交)工验收

第七十四条　公路建设项目完工并具备《公路工程竣(交)工验收办法》规定的条件后,项目法人应及时组织交工验收。验收合格后,项目法人应按规定及时完成项目交工验收报告,并向自治区交通运输主管部门备案。

交工验收提出的工程质量缺陷等遗留问题,由施工企业限期完成。

第七十五条　公路建设项目路基工程完工后,质量监督机构应及时组织路基土石方专向检测。公路工程交工验收前,质量监督机构应当按照有关规定对工程质量进行检测并出具检测意见。

第七十六条　公路工程竣工验收前,质量监督机构对工程质量进行质量鉴定并出具质量鉴定报告。未经质量鉴定或质量鉴定不合格的项目,不得组织竣工验收。质量监督机构对质量鉴定结果负责。

第七十七条　公路建设项目缺陷责任期结束,通过环保、水保、档案等专项验收,并完成审计或财政评审和缺陷修复工作,项目法人应按照《公路工程竣(交)工验收办法》的规定和项目管理权限及时申请竣工验收。

交通运输主管部门应当自收到申请之日起30日内,对申请人递交的材料进行审查,对于不符合竣工验收条件的,应当及时退回并告知理由;对于符合验收条件的,应自收到申请文件之日起3个月内组织竣工验收。

第八章　廉 政 建 设

第七十八条　坚持廉政工作与工程建设并重,认真落实廉政建设工作责任制,重点项目实行纪检监察联系制度,逐步推行重大项目纪检监察人员派驻制。

项目法人与交通运输主管部门签订廉政建设责任书。项目法人在与监理、施工企业签订工程合同时,应同时签订廉政合同,实行“双合同制”管理,不定期进行履约检查和考评。

第七十九条　从事公路工程建设管理、监督、监理、设计的人员应严格遵守下列规定:

(一)不准接受投标单位、施工企业和材料、设备供应单位馈赠的现金、有价证券、支付凭证和贵重物品;

(二)不准介绍分包队伍参与工程建设,不准利用职权在施工企业中兼职,或以任何形式和手段参与分包;

(三)不准介绍配偶、子女及其亲属参与工程、劳务分包和材料供应、设备租赁;

(四)不准参加投标单位、施工企业和材料、设备供应单位安排的可能影响正确履行职责的宴请、娱乐活动;

(五)不准接受投标单位、施工企业和材料、设备供应单位提供的通信工具、交通工具和高档办公用品等;

(六)不准要求或接受投标单位、施工企业和材料、设备供应单位为自己及其亲属的住房装修、婚丧嫁娶和配偶、子女的工作安排以及出境旅游等提供方便；

（七）不准在从业单位报销应由个人支付的各种费用；

（八）不准以任何借口、任何方式利用工作、职务之便为个人谋取任何私利。

第八十条　从事公路工程投标、施工和材料、设备供应等单位和工作人员应严格遵守下列规定：

（一）不得以任何理由向工程建设管理、监督、监理、设计单位及其工作人员行贿或馈赠礼金、有价证券、支付凭证和贵重物品；

（二）不得以任何名义为工程建设管理、监督、监理、设计人员报销应由其个人支付的任何费用；

（三）不得以任何理由安排工程建设管理、监督、监理、设计人员参加超标准宴请及娱乐活动；

（四）不得为工程建设管理、监督、监理、设计单位及其工作人员购置或提供通信工具、交通工具和高档办公用品。

第八十一条　切实做到廉政与质量、进度、安全、环保等工作目标同时检查、同时考评。对不遵守廉政合同规定，不执行项目管理制度，不诚实守信的项目法人、监理、设计、施工企业相关责任人予以通报，违纪违规违法的按有关规定处理。

第九章　合同必备违约条款

第八十二条　咨询审查单位未按合同规定时间完成工程技术咨询审查任务，延误项目审批和进展的，按延误时间每天扣减咨询审查费用的0.3%；严格执行了咨询审查意见的设计文件，仍存在勘察设计深度不足、设计方案不合理，导致变更超过批准预算建安费总额10%的，不返还质量保证金。

第八十三条　设计单位将承包的设计任务转包或者违法分包的，按照《公路建设市场管理办法》规定责令改正，没收违法所得，并处以合同约定勘察设计费25% ~50%的违约金；同时建议有关部门责令停业整顿、降低资质等级，情节严重的，吊销资质证书。

第八十四条　设计单位未按合同规定在施工现场派驻设计代表或设计代表不能满足工程建设需要的，责令限期整改，否则酌情扣减后续服务费。

第八十五条　因勘察设计深度不足（包括料场位置不符合环保、水保要求，料场储量和质量不能满足施工要求，拆迁位置及数量不准确等）导致较大及以上设计变更的，设计单位承担变更金额5% ~10%的违约金。

第八十六条　对虚假或明显不合理的设计变更，对设计、施工、监理单位各处以变更金额15%的违约金，对项目法人相关责任人处以变更金额1%的违约金。对虚假计量的，除收回虚假计量金额外并处以施工企业虚假计量金额15%的违约金，处以监理单位虚假计量金额5%的违约金，并处以项目法人相关责任人虚假计量金额1%的违约金。

第八十七条　施工企业将承包的工程转包或者违法分包的，责令改正，没收违法所得，并处以工程合同价款0.5% ~1%的违约金；同时建议有关部门责令停业整顿、降低资质等级，情节严重的，吊销资质证书。

第八十八条 对拖欠民工工资问题措施落实不到位或管理失控造成拖欠民工工资、劳务纠纷等问题的，取消施工企业 1 ~3 年参与西藏公路工程建设市场的投标资格。

第八十九条 对监理单位和监理人员的处罚：

(一)监理单位转让工程监理业务的，责令改正，没收违法所得，并处以合同约定的监理服务费 25% ~50% 的违约金；同时建议有关部门责令停业整顿、降低资质等级，情节严重的，吊销资质证书。

(二)当出现下列情况之一者，项目法人对监理人员应及时作出清退出场的处罚，情节严重者列入“黑名单”并追究法律责任，同时对监理单位全区通报。

1. 向施工企业推荐工程、劳务分包队伍，推销原材料、租赁施工设备的；

2. 滥用职权吃拿卡要，有意刁难施工企业，造成恶劣影响的；

3. 工作不负责任，玩忽职守，包庇质量问题，弄虚作假的；

4. 现场监理不到位，重点工程、重要部位、关键工序现场旁站累计出现漏岗 3 次以上的。

(三)上级部门在工程检查时发现监理人员已签认的工程不合格需返工或加固的，返工或加固费用由施工企业自行承担，并对监理单位处以返工费用 5% 的违约金。

第十章 附　　则

第九十条 在施工、监理合同中约定固定金额作为奖励基金，奖励基金总额不得超过批复概算的 1%，具体奖励办法由各项目法人制订并组织实施。

第九十一条 本办法由西藏自治区交通厅负责解释。

第九十二条 本办法自 2009 年 7 月 1 日起施行。

附录9　西藏自治区实施《公路工程设计变更管理办法》细则

第一条　为加强公路工程建设管理，规范公路工程设计变更行为，根据交通部《公路工程设计变更管理办法》等有关行政法规规定，结合自治区公路工程设计变更管理实际，制定本实施细则。

第二条　经交通部或交通厅批准的初步设计，并由交通厅负责管理的新建、改建、整治公路工程建设项目的设计变更，应遵守本实施细则的规定和要求。

第三条　设计变更是指自公路工程初步设计批准之日起至通过竣工验收正式交付使用之日止，对已批准的初步设计文件、技术设计文件或施工图设计文件所进行的修改、完善等活动。

第四条　各级交通主管部门应当加强对公路工程设计变更活动的监督管理。项目法人应当加强对公路工程设计变更的管理。

第五条　公路工程设计变更应当符合国家有关公路工程强制性标准和技术规范的要求，符合公路工程质量和使用功能的要求，符合环境保护的要求。

第六条　公路工程设计变更分为重大设计变更、较大设计变更和一般设计变更。

有下列情形之一的属于重大设计变更：

（一）连续长度10公里以上的路线方案调整的；

（二）特大桥的数量或结构形式发生变化的；

（三）特长隧道的数量或通风方案发生变化的；

（四）互通式立交的数量发生变化的；

（五）收费方式及站点位置、规模发生变化的；

（六）超过初步设计批准概算的。

有下列情形之一的属于较大设计变更：

（一）连续长度2公里以上的路线方案调整的；

（二）建设标准和建设规模发生变化的；

（三）特殊不良地质路段处置方案发生变化的；

（四）路面结构类型、宽度和厚度发生变化的；

（五）大中桥的数量或结构形式发生变化的；

（六）隧道的数量或方案发生变化的；

（七）互通式立交的位置或方案发生变化的；

（八）分离式立交的数量发生变化的；

（九）监控、通信系统总体方案发生变化的；

（十）管理、养护和服务设施的数量和规模发生变化的；

（十一）其他单项工程费用变化超过80万元的；

（十二）超过施工图设计批准预算的。

一般设计变更是指除重大设计变更和较大设计变更以外的其他设计变更。

第七条 公路工程设计变更实行审批制。未经审查批准的设计变更不得实施。不得肢解设计变更规避审批。

任何单位或者个人不得违反本实施细则的规定和要求擅自变更已经批准的公路工程初步设计、技术设计和施工图设计文件。

经批准的设计变更一般不得再次变更。

第八条 设计变更审批权限：

（一）初步设计由交通部审批的建设项目，其重大设计变更均由交通厅审查后上报交通部审批；初步设计由交通厅审批的建设项目，其重大设计变更由该项目管理的各地（市）交通局、交通厅重点公路项目管理中心（以下简称"厅项目中心"）、项目代建单位审查后上报交通厅审批。

（二）所有较大设计变更均由该项目管理的各地（市）交通局、厅项目中心、项目代建单位审查后上报交通厅审批。

（三）一般设计变更由该项目管理的各地（市）交通局项目管理中心（以下简称"局项目中心"）、厅项目中心所属各项目办（以下简称"各项目办"）审查后分别上报地（市）交通局、厅项目中心审批。其中，设计变更金额在30万元以下的一般设计变更，由交通厅委托各项目办、各地（市）交通局委托局项目中心负责审批。属项目代建制的建设项目，一般设计变更均由项目代建单位负责审批。

（四）若设计变更与可行性研究报告批复内容不一致的，均应上报原可行性研究报告批复部门同意后方可批准。

第九条 设计变更应当符合下列程序：

（一）公路工程勘察设计、施工及监理等单位可以向项目法人和各项目办提出公路工程设计变更的建议。项目法人和各项目办也可以直接提出公路工程设计变更的建议。

（二）设计变更的建议应当以书面形式提出，并应当阐明变更理由。

（三）设计变更应当由各项目办或项目法人负责组织勘察设计、施工、监理单位召开现场会议（以下简称"四方会议"），对设计变更建议进行经济、技术论证，提出会审意见。

（四）项目法人应当对设计变更的建议及理由进行审核、审查。

第十条 设计变更应当提交以下材料：

（一）设计变更说明；

（二）工程设计变更申请表（见附件一）；

（三）设计变更四方会议现场会审意见表（见附件二）；

（四）工程量、投资变化对照清单和分项概、预算文件（包括工程量清单中的新增项目单价分析表）；

（五）与设计变更内容相应的原合同工程量清单；

（六）勘察设计图纸及原设计图纸与相关资料；

（七）反映现场情况的影像资料；

（八）设计变更增加费用的资金来源；

（九）设计变更项目汇总表（见附件三）。

第十一条　设计变更审查、审批时限：

（一）设计变更审查时限一般不得超过7天；

（二）设计变更审批的时限从受理之日起，重大设计变更不超过20天，较大设计变更不超过15天，一般设计变更不超过10天；

（三）在审查、审批设计变更中需补充材料的，应从收到补充材料之日起重新计算时限；

（四）无正当理由，超过审批时限未对设计变更文件的审查予以答复的，视为同意。

第十二条　设计变更的勘察设计应当由公路工程的原勘察设计单位承担。经原勘察设计单位书面同意，项目法人也可以选择其他具有相应资质的勘察设计单位承担。设计变更勘察设计单位应当及时完成勘察设计，形成设计变更文件，并对设计变更文件承担相应责任。

第十三条　公路工程设计变更工程的施工原则上由原施工单位承担。原施工单位不具备承担设计变更工程的资质等级时，项目法人应通过招标选择施工单位。

第十四条　对需要进行紧急抢险的公路工程设计变更，项目法人可先进行紧急抢险处理，并应在15日内按照本实施细则规定的程序申报设计变更审批手续。

第十五条　项目法人应建立公路工程设计变更管理台账制度（见附件四），每月25日前报自治区交通厅建设处备案。

第十六条　审查批准公路工程设计变更文件时，工程单价原则上应按工程量清单中的合同单价执行；对工程量清单中的新增项目单价，按现行的交通部《公路基本建设工程概算、预算编制办法》和西藏自治区交通厅的补充规定编制预算单价，并按中标单位投标水平下浮后作为变更单价。合同中有变更单价规定的从其相应规定。

公路工程设计变更发生的勘察设计费和监理费等费用的变化，按照有关合同约定执行。

公路工程设计变更发生的工程建设单位管理费、征地拆迁费等费用的变化，按照国家和自治区有关规定执行。

第十七条　批准的公路工程设计变更，其费用变化纳入竣工决算。未经批准的设计变更，其费用变化不得进入竣工决算。

第十八条　因公路工程勘察设计、监理和施工等有关单位的过失引起公路工程设计变更并造成损失的，应当承担全部责任，并由交通主管部门视情取消责任单位在西藏公路建设市场1～3年的投标资格。

第十九条　设计变更审批部门或单位违反本实施细则规定，不按照规定权限、条件和程序审查批准公路工程设计变更文件的，上级交通主管部门或监察部门责令整改；造成虚假变更、重复变更等严重后果的，对直接负责的主管人员和其他直接责任人员依法给予行政处分，构成犯罪的依法追究刑事责任，

第二十条　交通主管部门的工作人员及其受委托负责设计变更审批单位的工作人员

在设计变更审查批准过程中滥用职权、玩忽职守、谋取不正当利益的，由主管部门或监察部门给予行政处分；构成犯罪的依法追究刑事责任。

第二十一条 项目法人有以下行为之一的，上级交通主管部门给予通报批评并责令改正；构成犯罪的，依法追究刑事责任：

（一）不按照规定权限、条件和程序审查、报批公路工程设计变更文件的；

（二）将公路工程设计变更肢解规避审批的；

（三）未经审查批准或者审查不合格，擅自实施设计变更的。

第二十二条 施工单位不按照批准的设计变更文件施工的，交通主管部门责令改正；造成建设工程质量不符合规定的质量标准的，负责返工、修理，并承担由此造成的全部损失；情节严重的，责令停工整顿，直至取消该单位在西藏公路建设市场1～3年的投标资格。

第二十三条 施工单位擅自变更施工的，交通主管部门责令恢复，施工单位应承担全部责任。

第二十四条 本实施细则自2006年5月1日起施行。

附件一

工程设计变更申请表

施工单位：　　　　　　　　　　　　　　　　　　合 同 号：
监理单位：　　　　　　　　　　　　　　　　　　变更编号：

设计变更 工程名称	
设计变更内容	
设计变更 理由陈述	
施工单位意见	
现场监理意见	
总监意见	
设计代表意见	
业主现场 技术负责人意见	
业主现场 负责人意见	
项目法人意见	

附件二

设计变更四方会议现场会审意见表

<table>
<tr><td>会议地点</td><td></td><td>时　间</td><td></td></tr>
<tr><td>设计变更
工程的名称</td><td colspan="3"></td></tr>
<tr><td>设计变更
提出单位</td><td colspan="3"></td></tr>
<tr><td colspan="4">设计变更工程概况：</td></tr>
<tr><td colspan="4">会议结论：</td></tr>
<tr><td colspan="2">施工单位人员(签字)：</td><td colspan="2">监理单位人员(签字)：</td></tr>
<tr><td colspan="2">设计单位人员(签字)：</td><td colspan="2">业主现场负责人员(签字)：</td></tr>
</table>

会议记录员(签字)：

参加会审的人员还有(签字)：

附件三

____（项目名称）____设计变更项目汇总表

（____年____月）

<table>
<tr><td rowspan="2">序号</td><td rowspan="2">桩号
或部位</td><td colspan="2">增加工程项目</td><td rowspan="2">单位</td><td rowspan="2">数量</td><td rowspan="2">单价
（元）</td><td colspan="2">金额（元）</td><td rowspan="2">备注</td></tr>
<tr><td>增加</td><td>减少</td><td>增加</td><td>减少</td></tr>
<tr><td colspan="2">总累计</td><td colspan="2"></td><td></td><td></td><td></td><td colspan="2"></td><td></td></tr>
<tr><td colspan="2">上月累计合计</td><td></td><td></td><td></td><td></td><td></td><td></td><td></td><td></td></tr>
<tr><td colspan="2">本月小计</td><td></td><td></td><td></td><td></td><td></td><td></td><td></td><td></td></tr>
<tr><td>一</td><td>变更项
（小计）</td><td></td><td></td><td></td><td></td><td></td><td></td><td></td><td></td></tr>
<tr><td>1</td><td></td><td></td><td></td><td></td><td></td><td></td><td></td><td></td><td></td></tr>
<tr><td>2</td><td></td><td></td><td></td><td></td><td></td><td></td><td></td><td></td><td></td></tr>
<tr><td></td><td></td><td></td><td></td><td></td><td></td><td></td><td></td><td></td><td></td></tr>
<tr><td>二</td><td>变更项
（小计）</td><td></td><td></td><td></td><td></td><td></td><td></td><td></td><td></td></tr>
<tr><td>1</td><td></td><td></td><td></td><td></td><td></td><td></td><td></td><td></td><td></td></tr>
<tr><td>2</td><td></td><td></td><td></td><td></td><td></td><td></td><td></td><td></td><td></td></tr>
<tr><td></td><td></td><td></td><td></td><td></td><td></td><td></td><td></td><td></td><td></td></tr>
<tr><td></td><td></td><td></td><td></td><td></td><td></td><td></td><td></td><td></td><td></td></tr>
<tr><td></td><td></td><td></td><td></td><td></td><td></td><td></td><td></td><td></td><td></td></tr>
<tr><td></td><td></td><td></td><td></td><td></td><td></td><td></td><td></td><td></td><td></td></tr>
<tr><td></td><td></td><td></td><td></td><td></td><td></td><td></td><td></td><td></td><td></td></tr>
<tr><td></td><td></td><td></td><td></td><td></td><td></td><td></td><td></td><td></td><td></td></tr>
<tr><td></td><td></td><td></td><td></td><td></td><td></td><td></td><td></td><td></td><td></td></tr>
</table>

编制：　　　　　　　　　　复核：　　　　　　　　填报时间：

附件四

＿（项目名称）＿工程设计变更管理台账报表

（二〇〇＿年＿月）

截止时间：＿＿年＿＿月＿＿日　　　　　　　　　　　　　　　　金额单位：元

<table>
<tr><td>初步设计批复文号</td><td></td><td>批复概算</td><td colspan="3"></td></tr>
<tr><td>施工图设计批复文号</td><td></td><td>批复预算</td><td colspan="3"></td></tr>
<tr><td>施工合同总价</td><td></td><td>招标节余款</td><td></td><td>预留费用</td><td></td></tr>
<tr><td>上期末累计设计变更金额</td><td colspan="2"></td><td colspan="2">上期末节余资金
（其中招标节余资金）</td><td></td></tr>
<tr><td>变更编号</td><td>设计变更内容</td><td colspan="2">批复金额</td><td colspan="2" rowspan="3">批复文号（申报文号）</td></tr>
<tr><td colspan="2">本期末累计金额</td><td colspan="2"></td></tr>
<tr><td colspan="2">本期合计金额</td><td colspan="2"></td></tr>
<tr><td></td><td></td><td colspan="2"></td><td colspan="2"></td></tr>
<tr><td></td><td></td><td colspan="2"></td><td colspan="2"></td></tr>
<tr><td></td><td></td><td colspan="2"></td><td colspan="2"></td></tr>
<tr><td></td><td></td><td colspan="2"></td><td colspan="2"></td></tr>
<tr><td></td><td></td><td colspan="2"></td><td colspan="2"></td></tr>
<tr><td></td><td></td><td colspan="2"></td><td colspan="2"></td></tr>
<tr><td></td><td></td><td colspan="2"></td><td colspan="2"></td></tr>
<tr><td></td><td></td><td colspan="2"></td><td colspan="2"></td></tr>
<tr><td></td><td></td><td colspan="2"></td><td colspan="2"></td></tr>
<tr><td></td><td></td><td colspan="2"></td><td colspan="2"></td></tr>
<tr><td></td><td></td><td colspan="2"></td><td colspan="2"></td></tr>
<tr><td></td><td></td><td colspan="2"></td><td colspan="2"></td></tr>
<tr><td></td><td></td><td colspan="2"></td><td colspan="2"></td></tr>
<tr><td></td><td></td><td colspan="2"></td><td colspan="2"></td></tr>
<tr><td></td><td></td><td colspan="2"></td><td colspan="2"></td></tr>
<tr><td></td><td></td><td colspan="2"></td><td colspan="2"></td></tr>
<tr><td></td><td></td><td colspan="2"></td><td colspan="2"></td></tr>
</table>

编制：　　　　　　　　　　复核：　　　　　　　　　　业主负责人及联系电话：

附录10 关于印发《西藏自治区公路工程造价管理办法(暂行)》的通知

藏交发[2003]28号

各地(市)交通局,自治区公路管理局、公路工程造价管理站、质量监督站、公路勘察设计院、重点公路建设项目管理中心:

为提高公路工程质量,降低公路工程造价,切实加强我区公路工程造价管理,规范工程造价计价行为,合理确定投资,有效控制工程造价,提高工程建设效益与综合管理水平,根据国家和自治区的有关法律、法规的规定和要求,结合我区公路建设的实际情况,我厅研究制订了《西藏自治区公路工程造价管理办法(暂行)》,现印发给你们,请各有关单位认真遵照执行。执行中如有问题和建议,请及时反馈至区交通厅建设处和区公路工程造价管理站,以便进一步修改完善。

西藏自治区交通厅

二〇〇三年三月十九日

西藏自治区公路工程造价管理办法(暂行)

第一章 总 则

第一条 为加强公路工程造价监督和管理,规范工程计价行为,合理确定投资,有效控制工程造价,提高交通建设社会效益,促进公路建设的持续发展,依据交通部《公路建设市场管理办法》、《公路建设监督管理办法》,建设部《建设工程施工发包与承包价格管理暂行规定》和其他法律、法规的有关规定制定本办法。

第二条 凡在我区从事公路工程新建、改建和整治及其附属设施的建设、勘察设计、招投标、施工、监理和咨询等单位在编制和确定公路建设各阶段的工程造价时,均应遵守本办法。公路养护大中修工程、水毁恢复工程可参照本办法执行。

第三条 公路工程造价指公路工程建设项目从筹建到竣工交付使用所需的全部费用,包括建筑安装工程费、设备和工器具及家具购置费、工程建设其他费用、预留费用等。

第四条 公路工程造价管理是指各级交通主管部门对公路工程造价主要环节的宏观指导和动态管理。

第二章 造价管理机构的职责

第五条 西藏自治区交通厅是全区公路建设工程造价管理的行政主管部门;西藏自治区公路工程造价管理站是我区交通行政主管部门授权对公路工程造价进行监督管理的专职机构,依据国家的有关法律、法规和交通部部颁有关工程造价的规定及各类计价依据,代表政府对公路工程造价进行监督管理,负责全区公路工程造价的管理工作,公路建设市场各从业单位应接受工程造价的监督管理。

各地(市)交通行政主管部门有条件的应设立专门的造价管理部门,没有条件设立造价管理部门的要配备专职的造价管理人员,其业务接受自治区公路工程造价管理站指导,具体负责本地(市)公路工程造价管理。

第六条 西藏自治区公路工程造价管理站的主要工作职责:

一、贯彻国家、建设部和交通部及自治区有关工程建设和工程造价管理的方针、政策和法律、法规,并结合西藏实际,研究制定造价管理的规章制度和实施办法,报区交通厅批准后组织实施,并报交通部备案。

二、组织劳动定额的测定和编制,编制补充计价依据和计价办法,报区交通厅批准后组织实施并报交通部备案。参加交通部组织的全国公路建设工程计价依据和计价办法的编写工作。

三、负责自治区审批或上报公路建设项目的投资估算、初步设计概算、施工图预算、竣工决算的审查工作,提出审查意见,为交通行政主管部门提供决策依据。

四、负责项目投资执行情况、工程费用支付情况的监督检查;对于重点建设项目,建立台账制度，实行项目投资动态管理；分析投资执行情况及存在问题并及时反馈信息；发生重大造价变更情况及时报告上级主管部门。

五、对国家、交通部和自治区重点公路工程建设项目定期进行造价管理工作情况的评定，参与重点项目后评价审查。

六、参与项目标底审查及评标工作，监督检查招标标底和中标价的合理性。

七、对上报的工程造价文件认真审查，严格把关。对因设计粗糙、造价不实等原因引起投资规模扩大的有关单位，应责成其认真查找原因，提出整改措施，并报行业主管部门处理。

八、参与自治区内本行业优秀勘察设计、优秀设计项目等评审工作。对申报国家（部）级优秀勘察设计项目的造价控制情况提出评审意见。

九、组织西藏自治区公路工程造价管理及咨询人员的执业培训考试，审核申报公路工程造价咨询机构和从业人员的资格报告。

十、负责造价从业人员资格审查，并按国家和交通部的有关规定及时上报工程造价执业人员的有关资料。

十一、负责造价资料累计工作，储存、分析已完工程的造价资料，建立自治区公路工程造价信息数据库，定期向全社会发布公路工程造价信息，并向上级部门报送。

十二、负责公路工程造价纠纷的调解工作，接受司法部门的委托，对公路工程造价纠纷提供鉴定意见。

十三、依据国家和交通部有关规定收取劳动定额测定费和定额编制管理费。

第七条　公路工程造价管理单位要加强自身机构的建设，重视从业人员素质的提高。

第三章　工程造价人员管理

第八条　工程造价人员应具备的素质：良好的职业道德、文化素养和较强的专业知识，实事求是、廉洁奉公、秉公办事的工作作风，应了解和掌握国家有关公路工程基本建设的技术经济法律、法规和政策，懂设计、施工、监理技术和合同条款等相关知识。

第九条　凡在西藏自治区从事公路工程造价文件编制、审查、咨询和公路工程造价监理的人员，应按国家、自治区有关规定申办工程造价从业人员资格证书，实行持证上岗。没有取得公路工程造价资格证书的从业人员不得从事公路工程造价活动。

第十条　资格证书分注册造价工程师（建设部、人事部颁发）、公路造价工程师和公路造价员（交通部颁发）。注册造价工程师、公路造价工程师可以在全国范围内从事公路工程造价文件编制、审查、咨询和公路工程造价监理等业务，公路造价员只能在自治区内从事公路工程造价的业务活动。

第十一条　公路工程造价文件必须由有资格的造价从业人员签章并附资格证书复印件，否则该工程造价文件按无效文件处理，其处理办法由主管部门具体规定。

第十二条　公路工程造价专业人员在执业中必须信守造价工程师职业道德行为准则。

第四章　公路工程造价的编制与管理

第十三条　公路工程造价依据交通部颁布的《公路工程投资估算编制办法》、《公路基本建设工程概算、预算编制办法》、《交通基本建设项目竣工决算报告编制办法》和自治区交通厅有关补充规定进行编制。公路工程计价依据中未包括的其他专业工程项目,应执行相关专业定额或工程所在地区的统一直接工程费定额及相应的间接费定额,但其他费用应按交通部和区交通厅有关规定执行。

第十四条　公路工程造价管理贯穿于建设项目实施的全过程,从可行性研究报告、勘察设计、施工直到工程竣工交付,采用分阶段计价与控制的办法。

一、项目建议书和可行性研究阶段编制工程投资估算。投资估算是可行性研究报告的重要组成部分,是项目立项和决算的重要依据,经批准后是控制概预算的依据,必须按规定进行编制,估算应完整,不留缺口。

二、初步设计阶段(技术设计阶段)编制工程概算(工程修正概算)。工程概算(工程修正概算)是初步设计的重要组成部分,应根据交通部现行《公路基本建设工程概算、预算编制办法》、《公路工程概算定额》和《公路工程预算定额》进行编制,应严格控制在批准的投资估算范围内。工程概算(工程修正概算)是编制项目建设计划和筹措建设资金的依据。经批准的工程概算(工程修正概算)是建设项目总投资的最高限额,如果概算突破批准投资估算的10%,应修编可行性研究报告和投资估算,并报请原批准部门重新审批。

三、施工图设计阶段编制施工图预算。施工图预算是施工图设计文件的重要组成部分,应根据交通部现行《公路基本建设工程概算、预算编制办法》和《公路工程预算定额》进行编制,是组织建设项目实施的指导性文件,是考核施工图设计经济性、合理性的依据,是衡量投资报价合理性的重要依据。施工图预算应控制在批准的初步设计概算(工程修正概算)范围内。

四、项目实施阶段编制合同清单预算,建立造价管理台账制度。合同清单预算是检查项目实施阶段执行情况的依据,包括:各标段合同清单费用,并列入业主相应的费用后形成整个项目的合同建安费用;按《公路基本建设工程概、预算编制办法》和有关规定计列的第二、三部分费用及其他费用。

第十五条　为进一步加强和规范公路工程造价文件编制,对公路工程造价软件的使用实行统一的、通过鉴定的软件(具体的确认工作由厅公路工程造价管理站负责);对使用没有通过鉴定的软件和未使用软件编制的公路工程造价文件不予审理。

第五章　附　　则

第十六条　公路工程造价机构对工程价格具有监督检查的职能。在抽查或审查竣工工程结算文件中,如发现项目业主和施工单位串通一气故意虚报工程造价的以及有营私舞弊、弄虚作假的行为;报上级主管部门严肃处理,情节严重者追究其法律责任。

第十七条　公路工程造价咨询单位和造价从业人员有下列行为之一者,可视其情节轻重,由主管部门给予警告或通报批评、降低资质等级直至取消其执业资格。

一、故意少算、高估冒算工程造价的；

二、在工程招投标和签订施工承包合同中，违反有关规定，泄漏标底，故意压价或哄抬标价的；

三、施工中的计价签证有营私舞弊、弄虚作假的；

四、伪造、出租和转让资格证书的。

第十八条　本办法自发布之日起实施，解释权属西藏自治区交通厅。

附录 11 关于实行我区公路工程造价人员持证上岗制度的通知

藏交发[2008]104 号

各有关单位:

根据交通部《关于发布〈公路工程造价人员资格认证管理办法〉的通知》(交公路发[1995]1235 号)和交通部公路管理司《关于发布〈公路工程造价人员资格认定管理实施细则〉的通知》(公设字[1996]039 号),为加强我区公路建设市场管理,规范公路工程计价行为,合理确定和有效控制公路工程造价,提高公路建设项目各阶段工程造价文件编制、审查的质量和工程造价管理水平,现将我区实行公路工程造价人员持证上岗制度的有关工作,规范如下:

一、凡在我区公路建设市场从事公路工程造价文件编制、审查、咨询和公路工程造价监理的单位和部门,在其相关工程造价业务文件中,必须经持有交通部统一颁发的甲、乙级资格证书的业务人员签章,否则其造价文件无效,有关部门将不予受理。

二、鉴于我区现持有交通部甲、乙级资格证书人数有限等因素,决定用 9 个月时间作为过渡期(即 2008 年 3 月底至 2008 年 12 月底止),在过渡期内造价人员上岗应遵循以下规定:

(一)持有甲级资格证书的公路工程造价人员可以在全国范围内从事高速公路及以下各等级公路和独立特大桥梁、长大隧道建设项目的工程造价业务,并在其编制的造价文件上签章。持有乙级资格证书的公路工程造价人员可以在全区范围内从事一般二级公路及以下各等级公路和独立大桥、中长隧道及以下建设项目的工程造价业务,并在其编制的造价文件上签章。

(二)参加了自治区公路工程造价管理站组织的交通部甲、乙级资格认证培训学习并持有结业证书的造价人员,可以在全区范围内从事一般二级公路及以下各等级公路和独立大桥、中长隧道及以下建设项目的工程造价业务,并在其编制的造价文件上签字。

(三)凡未参加自治区公路工程造价管理站组织的交通部甲、乙级资格认证培训学习的造价人员,从本规定之日起,将不得从事造价文件编制工作。

(四)公路工程造价专业人员在执业中必须信守造价工程师道德行为准则,厅将适时组织有关部门,进行监督检查,对未严格按以上规定执行的单位和个人予以处罚,直至取消其执业资格。

三、过渡期满后,将严格按照《西藏自治区公路工程造价管理办法》的规定执行公路工程造价专业人员持证上岗制度。

西藏自治区交通厅

二〇〇八年四月九日